图解
消费心理学

张一弛 著

中国经济出版社
CHINA ECONOMIC PUBLISHING HOUSE
·北京·

图书在版编目（CIP）数据

图解消费心理学 / 张一弛著. -- 北京：中国经济出版社，2025. 6. -- ISBN 978-7-5136-8143-8

Ⅰ. F713.55-64

中国国家版本馆 CIP 数据核字第 20254FF425 号

策划编辑	张梦初
责任编辑	高 鑫 戴 瑛
责任印制	李 伟
封面设计	仙 境

出版发行	中国经济出版社
印刷者	三河市宏顺兴印刷有限公司
经销者	各地新华书店
开 本	880mm×1230mm 1/32
印 张	6
字 数	100 千字
版 次	2025 年 6 月第 1 版
印 次	2025 年 6 月第 1 次
定 价	52.00 元

广告经营许可证　京西工商广字第 8179 号

中国经济出版社 网址 http://epc.sinopec.com/epc 社址 北京市东城区安定门外大街 58 号 邮编 100011
本版图书如存在印装质量问题，请与本社销售中心联系调换（联系电话：010-57512564）

版权所有　盗版必究（举报电话：010-57512600）
国家版权局反盗版举报中心（举报电话：12390）　　服务热线：010-57512564

序
掌控消费心理，实现销售升级

在当今竞争激烈的商业环境下，销售已不再只是简单的商品交换行为，而是一场深入了解消费者心理、巧妙引导需求并满足期望的商业活动。"掌控消费心理，实现销售升级"成为商家和每位销售人员需深入思考并积极践行的营销课题。

大多数时候，消费者的购买决策并非仅基于产品的功能和价格，而是受众多心理因素的影响。从产品的外观设计到功能设置，从独特性和个性化需求到对品牌的认同和归属感，以及对营销人员的信任和喜爱，每个心理因素都在悄然影响着消费者的购买行为。可以说，消费者的心理复杂多元，如同一个设计独特的密码锁，只有掌握了正确的开启方式，才能成功解锁。

从营销的角度来看，了解消费者的心理需求，能够帮助商家更好地了解自己的产品，完善自己的服务。当知道消费者在寻找高品质、可靠的产品时，就可以在产品质量和售后服务方面下功夫，树立良好的品牌形象，赢得消费者的信任。如果消费者追求时尚和潮流，那么就应根据其需求不断推出新颖、独特的设计，满足其个性化需求。而对于那些非常注重社会认同的消费者，则可以通过加大广告宣传和口碑营销，让其感受到高度的认可和赞赏。

掌控消费心理，还能为营销策略的制定提供有力依据。通过分析消费者的购买动机、决策过程和消费习惯，可以制定出更具针对性和有效性的销售策略。例如，针对非常在意价格的消费者，可以提供特定的优惠活动和促销方案；对于注重体验的消费者，可以提供优质的客户服务和个性化的购物体验。此外，利用消费者的消费心理特征，如求名、求实、求新等心理，设计出更具吸引力的销售方案，以激发其购买欲望。

当然，掌控消费心理并非要操纵消费者，而是在更好地了解消费者心理的基础上，提供真正满足其需求的产品和服务。只有当我们真正了解了消费者的需求和期望，并努力给予满足的时候，才能建立起长期稳定的客户关系，实现销售的可持续升级。

在本书中，我们将深入探讨消费心理的各个方面，分析不同类型消费者的心理特点和购买行为，同时提供实用的销售策略和技巧，帮助读者更好地掌控消费心理，实现销售升级。

为了更好地达到这一目的，本书采用图解的方式将复杂的消费心理和销售策略直观地呈现出来。通过这些图解，读者可以轻松地理解各种消费心理特征及对应的营销方法。

CONTENTS 目录

第一章　消费者的需求心理倾向
——消费者想要的，就是你要给的

求实心理：消费者普遍心理动机 / 003
求安心理：买得放心，用得才安心 / 008
求廉心理：物美价廉才是核心选择 / 011
求尊心理：要的就是被尊重的感觉 / 015
求名心理：买了就是给别人看的 / 018
求新心理：新异刺激是最高吸引力 / 022
攀比心理：你有我自然也要有 / 025
好感心理：消费，只因为你这个人 / 029
投资心理：消费，不只是花钱 / 033

第二章　消费者的消费心理偏好
——习惯比销售人员更懂消费者

发挥"标题党"的吸睛效应 / 039
挑毛病是感兴趣的表现 / 043

"后付款"的诱惑与威力 / 046

吃不到的葡萄才最甜 / 051

说话的方式暴露了意图 / 055

嘴会说谎，眼睛不会 / 058

掩饰不住的眉语 / 061

不同年龄段，消费习惯差异鲜明 / 064

性格差异造成消费者独特购买行为 / 067

第三章 激发出消费者的消费欲望
——给顾客一个消费的理由

顾客"考虑考虑"背后的真意 / 073

选择越多，越难以作出购买决策 / 077

快速激发消费者的消费欲望 / 080

用恐惧击溃消费者心理防线 / 082

通过对比激发消费者的购买欲 / 086

营造宽松的购物环境 / 090

"沙子"换"金子"的智慧 / 094

专家式的解读，让人更放心 / 098

"心情好"也是一个购买理由 / 101

设法吊起消费者的胃口 / 104

消费体验，不可忽视的一环 / 108

第四章　打消顾客的消费心理顾虑
——临门一脚要踢得干净利落

利用好标价牌的错觉 / 115

"大钱"化"小钱",淡化价格敏感度 / 119

向顾客承诺产品零故障 / 122

对产品功能进行现场演示 / 126

给消费者留出议价空间 / 130

利用环境促使消费者下决心 / 134

识别成交的三种心理信号 / 138

第五章　培养顾客的消费心理忠诚
——好服务比好产品更能黏住顾客

销售够专业,顾客才够忠诚 / 145

消费者的感受比商品本身更重要 / 150

真正的销售从售后开始 / 154

用承诺消除顾客心理疑虑 / 158

通过售后服务把顾客争取过来 / 162

满意度决定忠诚度 / 166

免除顾客的一切后顾之忧 / 171

建立回访机制,不定时回访 / 175

妥善及时处理消费者的不满 / 179

第一章

消费者的需求心理倾向

——消费者想要的，就是你要给的

消费者的消费行为受消费动机支配，而消费动机又是由需求引起的。所以，掌握了消费者的需求心理倾向，就如同掌握了开启销售大门的金钥匙。

求实心理：消费者普遍心理动机

消费时，消费者首先会要求商品必须具备实际的使用价值，讲究商品的实用性。这种求实心理，可以说是消费者普遍存在的心理动机。

为感觉买单

有时候我们会发现，某件商品中虽有消费者想要的东西，但他们并不一定会去购买。这是为什么呢？

原因就在于消费者普遍存在这样一种心态——希望自己花的钱能够物超所值，通俗地说，就是觉得某件商品值得买、值这个价钱。因此，他们在决定购买并将商品放上真正的天平之前，先要在心中这个无形的天平上进行衡量。天平的两端分别是购买成本与商品价值，当天平中购买成本一侧加重时，交易就很难达成；而当天平倾向商品价值时，交易则可以顺利达成。因此，只有商品价值与购买成本在消费者心中达到一种平衡或消费者对商品价值有更高的认定时，消费者才可能会购买，也就是说，消费者愿意为感觉买单。

这就要求销售人员在向消费者推销商品时，要顺应消费者的这一心理，让消费者看到商品的高价值。可以绘制一张消费心理天平图，天平的一侧列出消费者购买商品可以获得的各种价值，另一侧是消费者购买商品所要付出的各种成本。此时，销售人员只要增加天平上商品价值一侧的筹码，同时减少消费者的各项购买成本，交易就很容易达成。

不过，商业常识告诉我们，这会提高企业的经营成本。那么，如何在不提高经营成本或尽可能少提高经营成本的同时，提升商品价值，以提高消费者的购买概率呢？

一个有效的方法是增加消费者对商品的心理价值筹码。从某种角度来说，一件商品的价值不完全是由其物理属性决定的，在一定程度上是由消费者的心理因素决定的。不管这个商品实际价值多少，关键要看消费者心中对这个商品的价值认知多少。

客户愿意为自己的感觉买单，某商品符合他（她）的感觉，他（她）就愿意掏腰包

为快乐买单

在物质需求得到满足的同时,人们希望获得心理上的满足。所以,消费者也愿意为享乐花钱,通过消费满足自己的精神需求,这样消费与快乐就联系在一起了。这方面,营销界有一个典型的例子,就是乔·吉拉德用一束玫瑰"卖"了一辆雪佛兰汽车。

一位中年妇女走进销售人员乔·吉拉德的汽车展销室,说想在这里坐坐打发时间。闲谈中,她告诉吉拉德自己想买一辆白色的福特轿车,就像她表姐开的那辆,因为对面福特汽车的推销员让她过一小时再去,所以她就先到这儿来看看。她还说这是她送给自己的生日礼物:"今天是我 55 岁的生日。我想把这辆车送给自己。"

"生日快乐!夫人。"吉拉德献上真挚的祝福,随后他出去和秘书交代了一下,之后回来对妇人说:"夫人,您喜欢白色的车,您现在有时间,我给您介绍一下我们的双门式轿车,也是白色的……"正说着,吉拉德的秘书走了进来,递给吉拉德一束玫瑰。吉拉德把这束玫瑰献给那位中年妇女:"生日快乐,尊敬的夫人。"

显然,中年妇女被吉拉德的举动感动了,眼眶都湿了,哽咽着说:"已经很久没有人送我礼物了。刚才那名福特汽车的推销员一定是看我开了部旧车,以为我买不起新车。我刚要看车,他却说让我等他先去收一笔款,然后再带我去看。其实我只是想买一辆白色的车而已,只不过表姐的车是福特车,我才想买福特车的。现在想想,不买福特车也是可以的。"

最后她从吉拉德那里买走了一辆雪佛兰汽车。

这就是快乐感觉在消费者心中所起的巨大作用!一般来说,消费者将购物作为一种快乐行为有以下几种心理依据:

一是将消费当成一种娱乐行为。在购物过程中,通过追求特异、新奇的东西,消费者会获得一种满足感。例如,女性消费者爱逛商场的一个很重要的动机,就是去欣赏美——商场里的珠宝、服饰,通过灯光的烘托,合理的搭配,显得很美。通过购买这些美的东西,进而获得一种快乐感。

年轻女性更注重自己的视觉感受

消费者除了被体验新物品的吸引力抓住外,还会伴随着购物过程的兴奋,这种兴奋从准备购买开始上升,一直持续到作出购买决定以及下单。之后兴奋很快消散,直到产生新的欲望。

二是获得心灵补偿。消费者购买商品时常带有一种补偿的色彩，这时，花钱就是一种体贴、一种抚慰，可以视之为生活不如意时的一剂药方。例如，很多人在工作中遇到挫折，然后心烦意乱地在商场里寻找一件能帮助他们暂时忘却痛苦的物品。很多强迫性购物者的行为方式就是由此发展而来的。而且，很多消费者在消费过程中，尤其是女性，一般喜欢结伴而行，通过购物和好友进行人际交往，也更容易获得满足感。

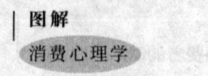

求安心理：买得放心，用得才安心

在产品同质化严重的时代，安全感已升级为消费者的首要购买需求。作为生产厂家和销售方，如果你的产品及服务不能为消费者提供足够的安全感，那么大概率会遭遇失败。

一项统计显示：70%的消费者之所以经常从某一固定处购买产品，是因为他们喜欢并信任某个商家或销售员。

这种现象的背后，是消费者安全心理的真实反映，说得直白些，就是消费者怕上当受骗。

从消费心理学的角度来看，消费者怕上当受骗的心理虽会增加销售人员的销售难度，但也会带来机会——因为销售人员若展现出诚信，便容易赢得消费者的心。

从这个角度来讲，销售人员向消费者销售产品，相当于在向他们推销自己的诚信。美国销售专家齐格拉曾对不讲诚信的销售人员将会遭遇什么进行深入分析，他得出的结论是，一个能说会道却不讲诚信的人，虽然能够说服许多消费者以高价购买劣质甚至无用的产品，但由此产生的是三个方面的损失：

一是销售人员失去了消费者的信任；二是销售人员不但丧失

了自重精神，还可能因这笔一时的收益而失去自己的推销事业；三是对整个行业来说，损失的是声望和公众的信赖。

这就提醒并要求销售人员在与客户打交道时，不要进行虚假夸张的宣传、不说自相矛盾的话、不欺骗消费者，也不配合他人弄虚作假。有些销售人员在推销产品时，有意夸大产品的功能，或者掩盖、歪曲事实，这都是不讲诚信的行为。

安全感是消费者第一购物需求

事实上，一切不讲诚信的行为都是"掩耳盗铃"。在信息传播日益迅速的市场环境下，销售人员不讲诚信的行为是很容易被看破的，即便偶尔获得了成功，这种成功也是相当短暂的。正如林肯所说，一个人可能在所有的时间欺骗某些人，也可能在某些时间欺骗所有的人,但不可能在所有的时间欺骗所有的人。要想赢得消费者的信赖,让自己的销售之路走得更远,诚信才是永久的、唯一切实可行的办法。

求廉心理：物美价廉才是核心选择

购买物美价廉的商品不仅是那些经济收入低者购物的第一选择，也是那些经济收入较高而勤俭节约的人的重要选择。这种选择主要来源于这类消费人群的"求廉"心理。

物美价廉的商品固然好，值得消费者出手，但是很多时候，由于多种原因，某些商品只是表面上的"物美价廉"，实际上并非如此。在这种情况下，为了促进消费，商家会人为制造出一些假象，给消费者一种错觉，使其认为某商品既好又便宜。虽然商家的这种行为不应提倡，但是在现实生活中这是一种很普遍的现象，是利用消费者"求廉"心理的营销手段。事实证明，这种营销手段运用得巧妙，是可以收到非常好的效果的。

这里的"便宜"，自然不是指商品本身便宜，而是消费者心理上的一种感觉。消费者在进行消费的时候，感觉占了便宜，才会愿意掏腰包。这就是经济学中所说的"效用"。作为销售人员，需要做的就是设法满足消费者的这种心理需求，这样，消费者才会更容易、更爽快地掏腰包。

其实，从某种意义上来说，销售的本质就是让消费者有一种占便宜的感觉，没有什么能比优惠、便宜、免费更能引起消费者注意，激起他们的兴趣了。销售高手总是能利用消费者的这种心理，找出借口卖出产品，并让消费者觉得占了便宜。

具体来说，可以用以下几种方法：

送赠品

每个人都希望花最少的钱买最多的商品，要是能够赠送那就更好了。不过同时，每个人又都有一种"无功不受禄"的心理——正所谓"吃人家的嘴软，拿人家的手短"。消费者接受赠送的东西后，就会产生一种负债感，因此，只能通过购买产品的方式来减轻那种负债的压力。

需要注意的是，在赠品的选择上，商家及销售人员要制定基于消费者心理和消费行为的技巧性分析和针对性策略。比如，买"牙膏送玻璃杯""买方便面送碗""买水壶送茶杯""买微波炉送耐高温菜盘和碗"等，消费者受到的触动是基于有价物赠品的实用性和现时个人或家庭需要的紧迫性。产品和赠品在使用过程中的关联性非常大，功能上本身就是搭档，相对于别的产品显得超值，同时避免了重复购买的开支，一举两得。

赠品对消费者来说，有极大的魔力

给优惠

优惠是推动销售有效的方法之一，大多数消费者很看重商家给出的优惠，然后货比三家，如果某商家没有让消费者觉得得到优惠，可能消费者就会选择离开。通常来说，商家或销售人员往往会采用打折、送券、积分等优惠手段来招徕消费者。

打折就是在价格上给予消费者折扣，我们看到有些商家挂出"大减价""清仓处理"等口号来刺激消费者。这种在价格上给予折扣的促销方式常有立竿见影的效果，因此，常被商家和销售人员采用。

送券，通常指赠送代金券。代金券，是指消费者可以凭此券在购买某种商品时免付一定金额的钱。赠送代金券这种促销方式可以使消费者节省支出，引起尝试购买的兴趣，增加每次购买商品的数量，还可以起到刺激潜在购买者的作用。

积分优惠种类繁多，通常有以下两种方式：一种是消费者必须收集积分点券、标签或购物凭证等证明，达到一定数量时，则可兑换赠品；另一种是消费者必须重复多次购买某种商品或光顾某家零售店之后，才能得到赠品。

送感觉

既然消费者想要的只是一种感觉，那么，销售人员也可以只满足消费者的这种心理需求，而不是一定要把产品卖低价，也就是说，只需让消费者感到占了便宜即可。比如对消费者说："今天刚开张，图个开门大吉，按进货价卖给你算了！""这是最后一件，按清仓价卖给你！""马上要下班了，一分钱不赚卖给你！"等。此类的话会给消费者一种占便宜的感觉：便宜都让你一人占了，这样的便宜，有谁会不心动呢？

需要注意的是，不管使用哪种手段，一定要注意方式和分寸，要让消费者感受到实实在在的实惠，这样才能够保持和他们长久的关系，实现互惠互利。

求尊心理：要的就是被尊重的感觉

在人的潜意识里，都希望他人重视和尊重自己。对于一个尊重我们的人，我们会在不知不觉中对其产生好感。这就提醒销售人员在与顾客打交道时，要给予顾客足够的尊重。

"顾客就是上帝"，销售行业这句名言并不是一句空话，因为顾客自己往往也是这么认为的。这就让销售人员不得不重视起来。

从心理学的角度来说，渴望受到重视，是一种很普遍、几乎人人都有的心理需求，尤其是消费者，更加看重销售人员对自己是否足够重视与尊重。如果销售人员可以像尊敬上帝一样去尊重消费者，就会让消费者感受到前所未有的重视，满足了其内心对自尊的渴求。在这种心理下，消费者自然更愿意和尊重他们的销售人员做生意，购买他们的产品或服务。

这就要求销售人员做到以下几点：

平等对待

与渴望得到重视相对的，是害怕被人轻视。一个人不管地位高低，财富多寡，希望被尊重的心理是一样的。因此，在销售过程中，销售人员要平等地对待每位消费者，不能以貌取人，更不能势利眼。对销售人员来讲，每个消费者都是上帝，对上帝一定要足够尊重，并用心服务。

热情接待

正如美国著名作家爱默生所说："没有热情，任何伟大的事业都不可能成功。"销售行业也不例外，据调查，热情在销售中起到的作用占比为95%，而产品知识的作用只占5%。其实，在现实生活中也经常会有这样的情况：消费者兴致勃勃地去购物，一见销售人员冷若冰霜多半会转身离开，到其他商家去消费。如果你希望自己成为一名优秀的销售人员，就要让自己沐浴在热情的光影里，给消费者一种宾至如归的温暖感觉。

给予足够关注

在消费过程中，很多销售人员总是一味地关心自己的产品是否能卖出去，一味地夸赞自己的产品多么先进、多么优质，而不考虑自己的产品是否适合消费者，消费者是否喜欢。这样给消费者的感觉就是你只关注自己的产品，只注重自己能赚多少钱，而没有给予他们足够的关心和重视。消费者"做上帝"的心理需求没有得到满足，往往会毫不犹豫地拒绝你的推销。因此，能否站在消费者的立场，为消费者着想，才是决定销售能否成功的重要因素。你真诚地为消费者考虑了，他们感受到了你的关心和尊重，才愿意和你交易，甚至和你建立长期的伙伴关系，实现"双赢"。反之，则会远离你。

认真对待投诉

当消费者的需求没有得到满足时,就会通过情绪、语言和行动表达出来,对产品和销售人员产生抱怨。如果其意见被重视并被妥善处理,他们不满的情绪多半会消散,投诉的问题也会大事化小,小事化了。此时,消费者不再是投诉者,而可能转变为忠实的客户、朋友。如果其意见没有被很好地处理,商家和销售人员就会失去消费者的信任,而且,这个消费者在未来的日子里,可能会对 10 个或者更多的人说:不要去这个商家买东西,别用他们家的产品!不要和那个销售员打交道,等等。这样,商家和销售员的信誉就会受到较大影响。所以,商家和销售人员一定要正确看待并认真对待消费者的投诉。

总之,要给消费者一种当上帝的感觉,在一定程度上,谁能给消费者当上帝的感觉,谁就能够赢得"上帝"的青睐,谁的业绩就会更好。

求名心理：买了就是给别人看的

消费者的购买行为，有时候也可以作为一项彰显身份的活动而存在，尤其是在一个产品丰富得超乎想象的时代、一个产品差异越来越小的时代，消费者希望通过选择某种产品，向别人宣告：我是谁、我的喜好、我的品位、我的价值主张以及我的身份等。

对于这样的消费者来说，只有将产品与他们的价值主张和身份属性画上等号，他们才会获得身份认同感、归属感和安全感，才会比较容易接受销售人员的建议。这就是"身份"在销售活动中发挥的奇妙力量。

比如，汽车销售员在为消费者推荐一款豪华轿车时，可以引导消费者从不同的角度观看车的款式，让对方看到汽车造型是多么独具一格；请消费者坐在车上，感受车子的宽敞、舒适与豪华；还可以拿出几位知名人士签下的订购合同给他过目……这是因为计划购买豪车的消费者，一般都是高收入人群，他们并不经常亲自开车，往往有专职司机；他们本人对车子并不是很了解，需求的重点或许只有两个字——气派。因此，销售员即使只向对方强调"气派"这个卖点，也有可能很快与消费者达成交易。

商品价值和消费者身份要相互匹配

您往这儿看,这内饰,这显示屏,这座椅,豪华得让人无话可说……

当然,消费者对于身份的需求可能会因为社会地位、职业特点而有所不同。同样是汽车,如果是销售价位不高的普通家用型轿车,"豪华"和"气派"的卖点就可能无用武之地了。这时,销售人员除了要把重点放在经济和实用的特征上外,也要根据消费者的个人特点,突出自己产品的某种特色以适应其身份,进而打动消费者。

对大多数年轻消费者来说,身份需求的心理倾向则往往表现为喜欢购买比较另类、大多数人不曾购买的东西,显示自己审美的独特和不拘一格。

一个女孩准备给自己选购一款风衣。她在店里边走边看，终于在一件看起来很时尚的风衣面前停下了脚步。销售人员见状就走上前对她说："美女，喜欢的话可以试穿一下，您的身材高挑，这件衣服一定可以显出您优美的身材。"

女孩试了试，露出了满意的笑容。接着女孩询问销售人员衣服的价格。销售人员回答："850元，今天店庆，现在购买的话还可以给您打九五折。这件衣服真的特别适合您，您不妨购买一件吧。"

女孩爽快地说："好的，这件衣服我要了！"销售人员见生意谈成，格外高兴。边包衣服边夸赞道："美女，您真是太有眼光了，很多人买这种款式呢。"

"哦？是吗？"女孩听了这话沉默了一会儿，然后微笑着对销售人员说："不好意思，我想我还是暂时不买了！谢谢你的推荐！"

这里导致销售人员到手的生意瞬间告吹的原因，就是没有抓住年轻消费者对于身份需求的这种心理倾向。大多数年轻消费者有自己独特的信念和品位，他们在消费过程中，往往喜欢标新立异，让自己在众人之中脱颖而出，显得更加独特。

事实上，对于任何一个需要用产品来证明身份的消费者而言，他们或许不太在意产品本身的质量及特性，而是更关心谁在使用它。很明显，这个案例中的女孩就属于这样的消费者，穿着和其他人一样的服装，怎能彰显出自己独特的气质呢？

所以，销售人员在推销过程中，一定要善于从消费者的言谈举止中发现其心理倾向，然后针对其心理态势寻找突破口，了解什么对这个消费者具有最大吸引力、什么是那个消费者最为需要的。只有了解了这些，并设法满足他们的需求，销售才可能取得成功。

求新心理：新异刺激是最高吸引力

求新，也是人的一种基本欲望，即在自己的周围环境中寻求新异刺激，以满足自己的好奇心。这种心理动机反映在消费上，即喜欢赶"潮流"，购买物品注重"新奇特"。从这个意义上来说，这也是一种从众式的购买动机。

从心理学角度来说，流行性消费与消费者的心理需求是分不开的。因为流行的出现并不具有社会强制力，它与风俗不同，违反风俗常常要受到社会的反对，但不追求流行并不会遭到舆论的谴责。因此人们是否追求流行完全取决于自己是否有这方面的心理需要。

一般来说，流行性消费心理包括：

好奇心理

每个人都有好奇心，而流行之所以能够存在，一定程度上说，正是好奇心存在的缘故。反映在消费领域，就是不由自主地受新奇事物的吸引而消费。

从众心理

从众心理是个体普遍具有的心理现象,是个人受到他人行为的影响,而在自己的知觉、判断、认识上表现出来的一种"随大流"的行为方式。反映在消费领域,就是在某些产品或服务上倾向于跟从多数人的选择。

模仿心理

模仿是再现他人一定的外部特征和行为方式、姿态和动作等,而这些外部特征、行为方式、姿态和动作等又具有一定的合理倾向,至少对追求流行的人而言,这些是合理的。

防御心理

有些人感到自己社会地位不高,承受着种种束缚,从而迫切希望改变现状,以避免心理上的压抑与伤害,而他们认为追求某种流行恰恰可以实现其自我防御和自我显示的目的,由此加入流行消费的行列。

这些心理是较为普遍的社会心理,从这个意义上来说,谁也不能完全超脱于"流行"。

对销售人员来说,大可利用消费者的这种对新奇刺激的渴望和对流行追求的趋同心理,来实现自己的销售目的。

例如,一位销售员在推销空气炸锅时,当消费者表露出不太想买时,销售人员说:"现在经济不景气,人们不会轻易进行消费了。现在市面上一些高端的空气炸锅价格通常在上千元,确实需要考虑一下是否要购买。"然后假装无意地说:"不过,那些追求高质量生活的人还是忍不住买了,毕竟这么新潮和实用的空气炸锅,哪个人不爱呀！"

"说什么呢？我们家也是追求高质量生活的家庭，瞧不起谁呢？买了！"在销售员的刺激下，原本无意购买的消费者作出了购买的决定。

防御性心理是流行性消费常见的心理

> 说什么呢？瞧不起谁呢，马上给我包起来，买了！

> 理解理解，毕竟不是所有人都有这个实力的！

总之，只要掌握了流行性消费的这些心理规律，就可以让商家及销售人员更好地对产品市场、消费者行为作出分析，并以此为依据，推出并售出更符合消费者市场的流行产品，进而获得更大的利润和市场发展空间。

攀比心理：你有我自然也要有

互相攀比是人们常有的一种心态，如同学之间攀比成绩，企业之间攀比效益，不过最常见的攀比多出现在消费行为中：当别人拥有某件东西的时候，自己也想拥有；否则，心里就会非常不舒服，直到拥有了这件东西，那种心理不适感才会消失。比如，下面这个例子，在现实生活中就不少见。

一次出差，秦玲与同事赵婧结伴而行。出差的间隙，秦玲和赵婧少不了到当地的商场去转转。赵婧的出手大方给了秦玲不小的触动。"平时购物，我喜欢挑选一些中等价位的产品，衣服一般在几百元，很少有四位数的；购买化妆品，也是挑一些自己可以接受的二线品牌，既实惠质量也不差。"可是与跟自己收入相当的赵婧相比，秦玲不由得自惭形秽起来，觉得自己对自己不够好。

"赵婧出手很阔绰，七八百元的化妆品，上千元的衬衫，两千元的皮包，她买起来似乎眼睛都不眨，还连呼当地的价格比上海的便宜，动员我一起血拼。"可是在秦玲看来，这些打折后的商品尽管比上海便宜一些，也远远超出自己的消费能力。但是看到别人买了,她觉得自己也应该买。于是秦玲也花掉自己近半个月的收入,买了一个名牌皮包。可是买完之后她就后悔了,因为她去年新婚,每个月还要和丈夫一起还一笔不小的按揭款,买一个手提包就花掉自己半个月的薪水,想想下个月去偿还信用卡的情景,秦玲就开始有点担忧。

可见,人们的消费行为不只受收入水平的影响,也受攀比心理的影响。中国品牌战略协会的一份研究报告显示,中国的奢侈品消费人群靠自己的实力和财富来消费的只占四成左右,其余六成的人群是靠家庭的财富在消费,这部分人的年龄主要在 30～35 岁。这类人之所以出现上述的消费行为,重要的原因是攀比和炫耀的心态在作祟。巴黎世家的配饰、圣罗兰的香水、纪梵希的成衣,这些都是动辄成千上万元的高价奢侈品,在中国却可以找到大量 30 岁上下的年轻消费者,由此可见攀比的心态对商品消费的作用力。

有攀比心理的消费者,大多属于冲动型消费者。他们往往有一种争强好胜的心理,购买的商品往往不是自己急切需要或符合实际需求的,只是看到别人买什么,自己不甘落后,也买来求得心理上的平衡,在购买商品时有一种偶然性和浓厚的感情因素。如果销售人员可以巧妙地利用消费者的这种攀比心理,往往能够点燃消费者的购买欲望,从而促销成功。

攀比心理在销售中"发挥"着重大作用

销售人员在实践中要注意这样几个问题:

攀比心理的载体是什么商品?哪个攀比对象最能激发消费者的购买欲?采用什么方式去引导消费者最为恰当?从下面这个有趣的故事中,或许你会得到一些启发:

一位父亲想给年轻的儿子买辆赛车,他们来到一家车行。儿子想要一辆黑色的赛车,但已脱销,推销员劝他买别的颜色,但是那个年轻人固执己见,非要一辆黑色的不可。这时,经理过来说:"您看看大街上跑的赛车,几乎全是红色的。"一句话,使这位青年改变了主意,欣然买下一辆红色的赛车。

这个经理正是利用了青年人喜欢攀比的心态,成功地说服他改变主意,放弃了购买黑色赛车的想法,转而购买别人都在开的红色赛车。在具体的销售中,为了更好地实施这一方法,销售人员可以将用户资料归类,并装订成小册子,最好是按行业整理成册。这样在和消费者沟通时,只需要将这个用户资料的小册子拿给用户看,并送上一句话:"先生,您看,您与他们一样,都有一双明亮的眼睛和一个智慧的头脑,他们这样选择了,我想您也一定不甘落后吧?"绝大多数消费者会受到强烈的攀比心的刺激,并有所心动,接下来,便是如何洽谈签单的过程了。

总而言之,不管销售人员采用什么样的方式,都要以激发消费者的攀比心理,使其产生购买欲为最终目标。有了比较的对象,消费者的消费就会带有一定的盲目性。事实证明,只要消费者的攀比心理被激发,那么销售人员的工作也就好做了。

好感心理：消费，只因为你这个人

在美国著名心理学家亚伯拉罕·马斯洛的心理需求层次中，有一项重要的心理需要叫社交需求，也叫归属与爱的需要，它是指个人渴望得到家庭、团体、朋友、同事的关怀爱护和理解，是对友情、信任、温暖、爱情的需要。这一心理需求在消费行为中表现为销售人员与消费者之间经常不断地进行各种各样的信息交流，包括语言沟通和非语言沟通。而这些沟通方式的好坏会引发消费者的不同情感，从而最终影响他们的购买行为。

其实我们自己大概也有过这样的经历：在菜市场买菜或商场买东西，可能因为卖主给我们好感，而产品如果不算差的话，我们更愿意从他这里买而不是从别人那里。事实证明，我们愿意同一些人打交道，往往是因为我们感到这些人很友善。我们大概也有过这样的经历：想购买一种产品或服务，但是不太喜欢那个销售员，在这种情况下，我们可能会走开，即使那个产品及价格还比较理想。

实际上，这种"爱屋及乌"的心理也是消费者经常会有的心理。因为在消费者眼里，销售人员是商家的窗口和形象的化身，一个让消费者喜欢的销售人员，才有可能让人购买他推销的产品。研究人员通过一项市场问卷调查也证明了这一观点：调查中，约有70%的消费者之所以从某销售人员那里购买商品，就是因为该销售人员的服务好，为人真诚善良，消费者比较喜欢他、信任他。这一结果表明，一旦消费者对销售人员产生了好感，对其表示接受和信赖，自然就会喜欢并接受他的产品。如果销售人员不能够让消费者接受自己，那么其产品也是难以打动消费者的。

小王和小马做的是同一种产品的销售，他们先后都到过刘经理那里去推销，可奇怪的是，后去的小马反而比先去的小王先拿到订单。原来，先去的小王进门之后就开始滔滔不绝地向刘经理介绍自己的产品多么好、如何适合对方，不购买就等于吃亏等。这样的话不仅没有引起刘经理的兴趣，反而让他很反感，于是他拒绝了小王。

等到小马再去的时候，刘经理知道他们推销的是同一种产品，本来不愿意见他，但是又想听听小马的说辞，于是就请他来到办公室。小马进去后并没有直接介绍自己的产品，而是很有礼貌地先说抱歉、打扰，然后感谢刘经理百忙之中与自己见面，还说了一些赞美和恭维的话，但对自己的产品却只是简单地介绍了一下。可是刘经理始终是一副很冷淡的样子，小马觉得这笔生意已经很难做成，虽然心里多少有些失落，但他还是很诚恳地对刘经理说："谢谢刘经理，虽然我知道我们的产品是绝对适合您的，可惜我能力太差，无法说服您。我认输了，我想我应该告辞了。不过，在告辞之前，我想请刘经理指出我的不足，以便让我有一个改进的机会好吗？谢谢您了！"

这时，刘经理的态度突然来了个一百八十度大转弯，他站起来拍拍小马的肩膀笑着说："你不要急着走，哈哈，我开始对你的产品感兴趣了。"

很显然，人的因素，即销售人员在消费行为中所起的作用是非常关键的。要知道，消费者是有血、有肉、有情感的人，他们需要的是真诚的沟通和交流，需要有人了解他们内心深处真实的想法和需求。他们需要的不是自说自话式的硬性推销，也不是"霸气"十足的强势推销。也许许多销售人员也明白这个道理，但是真正要做到，却不是很容易。

那么怎样才能做一个让人喜欢的销售员呢？

一是要真心，只有真才是善的、美的，才能被他人所接受。也许有些销售人员为了订单而不择手段，偶尔一两次成功了，但是不会有第三次。所以销售人员在销售的过程中就需要说实话，一是一，二是二。说实话对销售人员只有好处，尤其是当销售人员所说的是消费者事后可以查证的。

二是要用心，切实为消费者着想，站在消费者的角度思考。其实，销售人员在销售的过程中应当有这样的意识——在和消费者进行交往的过程中，并不是向消费者传授某些知识或者说教的，而是在为其提供服务和帮助，是在为他们解决问题和困难。因为没有人会不喜欢一个真正用心帮助他的人，消费者也不例外。

三是要专心。销售人员日常的积累与总结很重要，对行业情况和产品知识要专心去研究。销售本身就是一门学问，包含的知识面非常宽广。要与不同职业和职务的人打交道，所以销售人员还要不断地学习、充实自己，多学一些相关的知识以应用到销售工作中。比如，学习"心理学"就能更好地体察消费者的微妙心理，更深层次地分析消费者的真实意图。学习一些与业务结合紧密的基础知识，不但能给自己的谈话带来更广泛的话题，还能显示自己的学识和品位。

　　四是要挚心。销售人员要有一颗与消费者交朋友的心。这是一个较高的境界，见消费者如见老友，而且是诚心实意的，不是虚情假意的。作为一名销售人员，必须明白：自己推销的不仅是商品，还是一种精神。要让消费者信任你，甚至"爱上你""崇拜你"……总之，销售人员不仅是在卖产品，更是在卖自己。正如世界上伟大的销售员乔·吉拉德所说："你得销售你自己，这是一条最基本的销售原则，每个销售员开始工作时都得学会这一点，因为人们更愿意与自己喜欢的人做生意。"

投资心理：消费，不只是花钱

正如买房子不只是为了居住，买珠宝不只是为了佩戴，买古玩不只是为了欣赏……现代人的消费行为已经不单纯了：在人们不断成熟的消费理念中，投资型消费已经在逐渐替代传统的支出型消费，即消费者普遍存在这样一种心态——希望自己花的钱能够物超所值，渴望自己的消费能够变成投资。

以购房为例，解决住房问题的两条路——租房和买房，其实就仿佛是支出型消费与投资型消费的论战。租房，每月要支出一定费用，而这种费用出去了就是出去了，不可能再回来；而买房则不同，虽然一下子要有一笔很大的支出，但长远考虑，在房价不断上涨的市场环境中，买房实际上就是一种投资，所购买的房子每天都在升值。因此，尽管房价高得让人瞠目，但许多消费者仍然愿意尽己所能买房子。这就是消费者的投资心理在起作用。

从教育消费来看，许多家庭不惜花大价钱为子女选择优质的教育资源，从上各类课外辅导班到上私立学校，甚至出国留学。表面上看这是一种消费行为，家长付出了大量的金钱，但实际上，这可以视为一种投资，因为通过良好的教育培养，子女能够开阔眼界，获得丰富的知识、技能，从而在未来的职场竞争和社会生活中更具优势，有更大的可能性获取高薪职位和较高的社会地位，因此更有理由将其视为一种对家庭和个人未来的长远投资。

再有，在健康消费领域，人们购买有机食品、各种健身器材，或者参加各种健身活动、购买各类营养保健品等。这种为生命健康的消费，也可以视为一种长远的投资。

当然消费者不是随便买一件物品当投资的，他们需要看到回报率。这也就解释了为什么某件商品中虽然有消费者想要的利益，可是消费得并不一定会去购买。其中一个重要原因就是消费者认为物品的回报率不够高。如果回报率够高，那就会打动消费者。

投资消费是一种重要的消费类型

从这个角度来说，销售人员在向消费者推销产品时，便可以顺应消费者的这一心理，让消费者看到高的回报率，看到消费投资回报的希望。销售员可以绘制一张消费心理天平图，天平的一侧列出消费者购买商品可以获得的各种价值，另一侧是消费者购买商品所要付出的各种成本。此时只要增加天平上商品价值一侧的筹码，同时减少消费者的各项购买成本，商品就会很容易销售出去。比如，在购房获得的价值一侧，列出可以获得居住、户口、购物、出租、升值等价值；在付出成本一侧，列出需要支付×××元。

对销售人员来说，提高商品在消费者心理价值的一个最有效方法就是强调品位，尤其是奢侈品或价格昂贵的商品，如名车、珠宝、手表等，它们已经不仅是代步工具、装饰品或计时工具那么简单，更具有表达甚至彰显拥有者个性品位与身份地位的作用，对于这样的商品，强调品位就显得十分重要。

另外，对于商家来说，最直接的方法就是将购买自己商品的消费者转化为自己的投资人，通常的做法是将消费者对自己商品的消费视为对自己的投资，按一定的时间间隔，把企业利润返还给消费者。这样，消费者的购买就由单纯的消费转化为投资，实现角色的转换，满足消费者投资型消费的渴望。例如，我们经常看到消费者手中持有某公司的股票，就是这种投资型消费。

第二章

消费者的消费心理偏好

——习惯比销售人员更懂消费者

消费偏好反映了消费者的心理、兴趣和嗜好。某种商品的需求量与消费者对该商品的消费偏好呈正相关。销售人员可以通过观察了解消费者的消费习惯，进而推测消费者的消费心理和偏好，助力交易达成。

发挥"标题党"的吸睛效应

"标题党",是指网上的某些网民利用各种颇具创意的标题吸引网友眼球,博得点击率。其实,在消费行为中,也有"标题党"存在的意义。我们都知道,现在是个信息爆炸的年代,信息量以爆炸式骤增,已经过剩并难以量化。信息量的爆炸性增长和过剩打破了与原来注意力的比例,造成了注意力的相对缺少。缺者为贵,当然注意力就变得更值钱了。正如英特尔的前总裁葛鲁夫所说:"整个世界将会展开争夺眼球的战役,谁能吸引更多的注意力,谁就能成为下世纪的主宰。"

那么,在商品的宣传过程中,如何才能将消费者的注意力吸引到自己这边来呢?其实,注意力在心理学上是有规律可循的。一般来说,吸引消费者注意力的方式有:

1. 品名:投其所好

消费者的购买行为,在很大程度上会受商品名称的影响。戏剧家莎士比亚说过,玫瑰不管取什么名字都是香的。实际上并不尽然。一个好的品名,对创造一个名牌来说,绝不是无足轻重的。自从安藤百福发明了世界上第一包方便面后,日本的方便面就想打进美国市场。但是当时方便面还是世界上的新事物，美国人还从来没听说过"方便面"，他们能接受这种产品吗？于是安藤百福针对美国人的状况，采用了"投其所好"的策略。他在研究美国人的消费心理时发现，美国人的生理需要和心理需要主要表现在减肥上，而低卡路里的方便面正好适应这种需要。于是，他把面条切得短些，以利于美国人用叉子吃；把汤的味道做得更符合美国人的口味，还给它起了个"杯面"的名称，以便适合美国人用纸杯吃东西的习惯；再加上个副名："装在杯里的热牛奶""远远胜于快速汤"。正因如此，日本的方便面一进入美国市场，就受到美国人的热烈欢迎，销售量呈直线上升。

实际上，安藤百福"投其所好"的策略，在很大程度上就是利用了商品名称会影响消费者对商品的感知这一点。

2. 包装：制造晕轮

诚然，消费者判断商品的优劣是以商品的质量、价格和知名度为主要因素的，但是包装所产生的"晕轮效应"则能把消费者对包装的美好感觉转移到商品本身上，进而达到促销的目的。美国著名的品牌策略专家大卫·艾克说过："人类有一个共同的脾性，就是经常通过物品的外在来判断其实质。通过物品外表给人的'第一印象'来推测它的价值，并且越是华丽的东西，人们越是偏向于把它的价值往高的方向推想。"

而且，尤其是随着消费者自助式购物习惯的养成，包装更多地承担了促销的任务。因此，包装必须能反映产品的特色，吸引消费者的注意力。可以从消费者求趣心理来制定包装策略，当然，吸引消费者注意力的包装还可以从很多方面考虑。不管怎样，只有把握消费者的心理、迎合消费者的喜好、满足消费者的需求、激发和引导消费者情感的包装，才能够在激烈的商战竞争中胜出。

发挥商品包装的"晕轮"效应

3. 广告：口碑相传

中国人民大学舆论研究所的一项调查表明，现代人对媒体的态度发生了很大的变化，人们对媒体的权威性已经产生了一定程度的怀疑。试想一下，面对铺天盖地的广告，消费者唯恐避之不及，谁还会去相信商家"一厢情愿"式的自吹自擂呢？因此，不要忘了还有一种虽然古老但更加有效的广告形式——口碑营销。

口碑营销,相对于大众传媒,它利用的是人际传播渠道。人际传播有一个与众不同的特征,那就是不仅可信性强,而且富有活力,便于记忆,因而对消费者的影响较大。更难得的是,口碑营销还利用了人类传播资讯的天性,使传播成本几乎为零。

众口铄金。利用消费者"传声筒"的作用,帮助销售人员进行商品促销,是一种有创意且富有成效的促销方式。总而言之,不管是哪种方式,只有吸引了大众的注意力,大众才会对某种产品增加关注,才有可能购买这种产品。

挑毛病是感兴趣的表现

"嫌货才是买货人"是销售行业广为流传的一种说法，意思是消费者在对产品挑毛病的同时，往往也表明消费者对该产品感兴趣。

这种现象反映的正是消费者的挑剔心理。事实上，在消费过程中，很少有消费者是故意找碴儿的。有时那些看似不可理喻的挑剔，很多时候是"醉翁之意不在酒"，消费者可能是为了获得更优惠的价格、更好的服务，或者是彰显自己的尊贵地位，又或者是显示自己的内行身份，才故意挑毛病。

薛先生经营着一家水果超市，他常常会碰到一些挑三拣四的顾客。有一天，他又碰到一位这样的顾客。这位顾客一边端详着手里的水果一边说："你的水果也不怎么好啊，还那么贵！""我的水果虽然不敢说是最好的，但是绝对不差，甘甜可口又新鲜，不信您可以和别人家的比较比较，要不您尝一个试试？"薛先生满脸堆笑，一边不紧不慢地说着一边拿出小刀给顾客削了一个水果，让顾客品尝。可是顾客仍然摇了摇头，说："看起来有点儿小，我喜欢大点儿的。"

薛先生还是微笑着说:"如果是自己吃,大点儿小点儿无所谓,只要新鲜好吃就行,您说呢?""可是价格有点儿贵,能不能便宜点儿?"薛先生耐心地笑着说:"价格不算贵,不过看您诚心买,就给您再优惠些,不过只能再优惠一点点。"

虽然这个顾客嫌完了产品嫌价格,但最后仍然购买了不少水果,并且成为薛先生的老顾客。

很多时候,挑毛病的顾客才是真正的消费者

> 小伙子,这台抽油烟机有噪声呀!

> 挨得那么近,能没有声音吗?

因此,在销售过程中,销售人员不仅要充分利用好自己的眼睛,还要利用好自己的脑袋,要多观察、多思考、多总结。既不要轻易相信消费者的"不错！不错！"，也不要轻易放过消费者说的一无是处的批评之言。正所谓"喝彩的只是看客，挑剔的才是买家"，很多时候，消费者越批评商品的缺点，就越表明他有购买的意愿和决心。

那么，作为销售人员，要怎样来应对这种挑剔呢？通常可采取以下两点来应对。

一是要保持微笑。其实，所有的销售都可以说是在微笑中完成的。微笑是销售人员打开消费者心灵之门的钥匙，也是提升自己形象的工具，同时也反映了销售人员的修养。尤其是在面对比较挑剔的消费者时，销售员的微笑会让消费者不忍心再继续指责下去，而且他们往往会接受推销员最初提议的价格。

二是要表现出自信。销售员要对自己及自己的产品有信心。如果销售员不自信，肯定会在与消费者的"辩论"中败下阵来。销售员的自信会让消费者认为商品的质量是有保障的，自己的质疑是"吹毛求疵"，从而接受销售员的建议。

销售员要仔细观察，用心揣摩顾客的心理，识别顾客的真正意图。因为挑商品毛病的人，不见得全是有意购买商品的人。有时候，顾客挑毛病也是为了拒绝。有很多人不喜欢直接说"不"，为了拒绝销售员的推销，有时会挑商品一个很大的毛病，或者给出一个非常低的价格，目的是让对方知难而退。在这种情况下，任凭销售员说再多，也往往是徒劳的。

总之，销售员要慎重对待顾客对产品或服务的挑剔，用心揣摩顾客的心理，针对顾客的挑剔，有礼有节地予以回复，努力消除顾客的顾虑，促进交易达成。

"后付款"的诱惑与威力

在产品的宣传活动中,常常会听到销售人员作出诸如此类的承诺:"消费者可以先免费试用该产品15天,试用期满后消费者可选择无条件退回该产品。"你或许认为商家会收到很多退回的商品,可结果却是更多的人选择购买该产品。

其实这是一种常见的营销技巧,利用的就是"延期付款"的诱惑与威力。这里涉及消费者的两种心态和偏好:禀赋效应和"找短处"心态。

禀赋效应

禀赋效应又叫"所有权依赖症",是指当个人一旦拥有某个物品后,那么他对该物品价值的评价要比未拥有之前大大提高。换句话说,就是当你把一件商品带回家后,它已经像是家中财产的一部分了,这使人们不愿意归还而更愿意购买该产品。例如,父母带孩子逛街,路过宠物店,孩子们围着小狗不忍离去。店主和小孩家长认识,慷慨地说:"把它带回家去过周末吧,如果它跟你们合不来或者你们不喜欢它了,星期一早上再把它送回来就行。"于是大人和孩子欢天喜地地把小狗带回家了。在两天的接触中,他们在不知不觉中发觉这只狗已属于他们了，想还给店主的念头被离别的痛苦战胜了，于是便选择将其留下。

心理学家做过这样一个实验来验证这一效应：

第1组：研究人员准备了几十个印有校名和校徽的马克杯。该马克杯在学校超市的零售价为5元。在将这些杯子拿到第一个教室之前，研究人员撕掉了价签。在课堂上，研究人员询问学生愿意花多少钱购买这个杯子（给出了0.5元至9.5元的价格供选择）。

第2组：研究人员来到第二个教室，给每位学生发放了一个相同的马克杯。过了一会儿，研究人员表示由于学校当天组织活动，准备的杯子不够，需要有偿收回一些，询问大家愿意以什么价格卖出杯子（给出了0.5元至9.5元的价格供选择）。

实验结果显示，在第1组中，多数学生表示愿意用3元购买带校徽的杯子；而在第2组中，当需要学生将已拥有的杯子出售时，他们的出价陡然增加到了7元。

因此，我们可以得出这样一个结论：相对于获得，人们非常不乐意放弃已经属于自己的东西。这种现象就是"禀赋效应"。对于销售人员来说，只要你可以使消费者接受"不满意七天可以退货"的商品，那么，"所有权依赖症"就开始在他身上起作用了，这件商品也就基本上销售出去了。

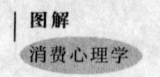

"找短处"心态

在后付款销售模式中,"找短处"的心态在巧妙地发挥作用。消费者在购物时,如果遇到的是先付款模式,便会担心因选错而给自己增加负担,所以不自觉地利用"找长处"的心态来解决这一问题,并因而常常自问:"这个东西确实好吗?""现在必须买它吗?"然后尽量慎重地进行消费。但在进行后付款订购时,消费者最常持有的心态则是"它有必须退货的缺陷吗?"这就是"找短处"心态的反映。

很多时候,后付制会让顾客留下非必需商品

蛮漂亮的,贵点就贵点吧,不退了,留下吧!

这一心态在心理学上也是通过一个实验证明的：

一对夫妇因无法解决家庭矛盾而决定离婚，围绕儿子的抚养权问题，两人闹上法庭。如果你是该案件的陪审员，依据以下条件，要将抚养权判给谁？甲方：收入一般、健康状况一般、工作业绩一般、与孩子的关系一般、社会生活一般。乙方：收入高于平均水平、有轻微健康问题、工作中经常出差、与孩子关系亲密、社会生活活跃。

调查结果显示，约有64%的人认为抚养权应交给乙方。后来，法官改变了问题的问法，不是问"将抚养权判给父亲还是母亲"，而是问"抚养权不能判给父亲还是母亲"。猜猜看，结果又会如何呢？

如果心态并不重要，那么无论是肯定性的提问还是否定性的提问，都应该得到相同的答复，可事实并非如此。在第一种肯定性提问中，约有64%的人认为应将抚养权判给乙方，那么其他约36%的人自然就认为抚养权不应判给乙方；在第二种否定性提问中，约有55%的人认为抚养权不应判给乙方。

曾有超过半数的人主张将抚养权判给乙方，而如今，又有超过半数的人认为不应将抚养权判给乙方。为什么会出现如此矛盾的结果呢？这是因为，在第二种否定性提问中，"找短处"的心态被激发了出来。反对者认为，乙方无法好好照顾孩子——健康有问题，经常出差，社会生活过于活跃。然而，当被问及"抚养权应该判给谁"时，被激发出来的则是"找长处"的心态，乙方的高收入以及与孩子间的亲密关系，使其无疑成为最佳选择，由此支持乙方获得抚养权。

这个心理现象反映到消费市场，其表现常常是，除非发现不可接受的缺陷，否则消费者一般不会要求退货。采用后付费消费模式时，消费者一般会想"不喜欢我可以退货呀"，但一旦购物入手以后，他们的心态就会由"有非要购买的价值吗"转变为"是否存在必须退货的缺陷呢"。基于消费者的这两种心态，聪明的商家和销售人员经常利用"后付款"的诱惑与威力来提升销售业绩。

吃不到的葡萄才最甜

《伊索寓言》中有一个家喻户晓的故事，说的是一只饥饿的狐狸路过果林，看见架子上挂着一串串葡萄，垂涎欲滴，试了几次却摘不到，只能悻悻地离开，同时嘴里嘟囔着："葡萄是酸的！"显然，不是葡萄酸不酸的问题，而是能不能吃到的问题。吃不到就说葡萄是酸的，心里却强烈地认为，葡萄肯定是甜的。

"吃不到的葡萄才最甜"的心理，在消费领域可以用来解释稀缺效应带来的购买欲，即对一种商品在时间或者数量方面进行限制，往往能勾起消费者的购买兴趣。这是因为，在消费者心里，时限越短，数量越少，就越难得，进而使自己因为不愿意错过这样难得的机会而采取某种行动。这种心理效应可以达到这样一种效果，那就是："就是它了，我绝对不会再错过了！"它在很大程度上能够左右消费者的行为，改变人们原先犹豫不决、游移不定的态度。

例如，一家电影院为自己做影片放映的宣传："预订数量有限，使用权仅限三天！"这样的宣传无疑会引起人们的关注。短短的一句话就从两个方面暗示大家："机会珍贵，欲看从速！"一是"预订数量有限"暗示获得门票的机会稀缺，很可能会买不到票；二是"使用权仅限三天"暗示消费时间有限，一旦错过就不再有机会。而当这些方面被限制的时候，那种"机不可失，时不再来"的氛围就会给人带来一种强烈的紧迫感，使人们不再犹豫，放弃过多的考虑，果断行动，以抓住这稍纵即逝的机会，免受错失之痛。

利用这一原理，销售人员就能够很容易促使消费者及早地采取行动。具体来说：

时间限制

消费者之所以会优柔寡断，在很大程度上是"还有，不着急"的意识在作祟，他们还期待：还有机会，还有时间，还有一次选择，还有更好的产品。

要让消费者尽快下决心，就要打消他们这种"还有，不着急"的心理。从心理学角度来讲，"最后"意识恰是"还有"意识的对立面。一旦消费者明白自己的期待是毫无意义的，就会如所期待的那样，尽早下决心。例如，走在街上，我们经常能看到不少店铺门口打出"最后三天，欲购从速"等类似通告，而这往往会引发哄抢效果。而且设置的最后期限越短，其效果就越明显，引起人们的拥有欲望也就越强。因为这暗示消费者，除非现在就选择购买，否则，就可能需要支付更多的钱，甚至根本买不到。这无疑给消费者施加了高压，使其在与自我的斗争中努力说服自己购买。

时间的限制往往会让顾客陷入"艰难"的抉择

数量限制

在现实生活中,有很多人喜欢收藏古董。通常古董价格不菲,主要原因是它们稀少且不易获得。若类似的古董随处可见,那么它们也就不值钱了。销售人员在销售商品时也常利用这种人性心理弱点来提升产品价值并缩短消费者的决策时间。

例如,一名销售人员在向顾客推销时,总是能够巧妙地运用短缺原理促使顾客尽快作出决定。即使面对不同顾客、推销不同商品,也总能取得不错的业绩。他总是这样和顾客说:"先生,这种款式和材质的包包属于定制版,只生产了100个,现在所剩无几了。错过这次机会,以后想买恐怕也买不到了。""这种厨具就剩最后两套了,而另一套您肯定不会选择,因为它的颜色不适合,所以这套厨具非您莫属。""您也许应该考虑多买一些,最近这种商品十分畅销,工厂里已经积压了一大堆订单,我不敢保证您下次再来的时候还有货。"

  这样的说辞无疑是十分有效的,数量有限的信息会对消费者的购买决策产生积极影响。消费者在其影响下,为了避免因买不到而后悔,常常会果断作出选择,先将自己喜欢的商品收入囊中才安心。因此,当销售人员发现顾客对某种商品感兴趣的时候,如果能对其进行巧妙引导,在说明商品质量可靠、价格实惠的同时,不妨再加上这样一个善意的提醒:"这款商品刚刚卖出一套,这恐怕是我们这里最后一套了,如果错过,就需要等到一个星期以后才有货。"这样会有效地促进销售。

说话的方式暴露了意图

你若细细观察和体会,很多时候,一个人的说话会传递出很多信息,如表达对某事的看法、宣泄某种情绪、传递某个信息等。而且每个人都有自己独特的说话方式,倾向于某种固定的说话模式。这种相对固定的说话方式,一方面能够反映出一个人的性格特征,另一方面会折射出这个人当时的心理状况。对于销售人员来讲,如果能掌握消费者说话方式中的玄机,那么对做好销售工作会有非常大的助益。

下面是几种消费者常见的说话方式,了解这些说话方式背后隐藏的心理秘密,对销售员来说是非常有必要的。

1. 喜欢使用恭敬用语

这类消费者大多较为圆滑世故,对他人有很强的洞察力,往往能敏感地察觉到他人的心绪变化,进而投其所好地说话。对此,销售人员要提防被这类消费者灌"迷魂汤",以免丧失正确的判断。

2. 喜欢使用礼貌用语

这类消费者大多有良好的学识和文化修养,能够给予他人尊重和体谅,心胸比较开阔,具有一定的包容力。与这类人打交道,会感到轻松,并且能够从他们身上学到与人相处的智慧和技巧。同时,要注意给予对方足够的尊重。通常这类消费者不斤斤计较,如果你的表现能够让他们感觉到你有较高的素养,那么他们多半会接受你的产品和服务。

3. 说话简洁果断

这类消费者性格豪爽、开朗、大方,做事干脆果断,不拖泥带水,同样不喜欢交往的对象扭扭捏捏、优柔寡断。所以,销售人员在与这类消费者打交道时,也不要绕弯子,在了解清楚对方的需求后,简明扼要地介绍清楚产品和服务,把主动权交给对方。

对豪爽的顾客,销售人员要表现出干脆、果断

> 你就说这批家电,一口价12万元能不能接受吧?

> 运费您那边出的话,这个价格可以。

4. 说话婆婆妈妈

这类消费者大多在一些鸡毛蒜皮的事上纠缠不休。与这类消费者打交道，销售员需注意把话说得清楚明白，确保对方听清楚、理解透彻，切不可陷入与对方无休止的争辩之中。

5. 说话习惯用方言

这类消费者通常感情丰富，重情重义。在和这类消费者交往时，可以适时运用感情筹码，播撒人情种子，一旦有机会，对方通常会不吝回报。

6. 善于劝慰他人

这类消费者通常感情丰富，熟知各种人情世故，擅长共情，容易与他人产生共鸣。在与这类消费者打交道时，不妨敞开心扉，将工作中的难处讲出来，多半会获得对方的理解甚至同情。情感的拉近有助于交易的达成。

7. 说话滔滔不绝

这类消费者一般自我意识强，自以为是，表现欲强，喜欢卖弄。与这类消费者打交道，尤其要注意尽量满足对方好为人师的心理，在言语上迎合他们。通常对方在心理得到满足后，会爽快地下单。

8. 说话尖酸刻薄

这类消费者心胸狭窄，一旦被触怒便会立刻发作，而不顾及对方的感受。和这类消费者打交道，应少说有争议的话，以免触怒对方。

嘴会说谎，眼睛不会

人类除语言之外，还有一种非语言形式。对于销售人员来说，若能读懂消费者非语言信息中暗藏的心理，再从消费者的心理需求出发，说他们爱听的话，推销他们所需的产品，并为他们提供满意的服务，这样往往能将消费者引导至所期望的方向，最终实现销售目的。

在非语言形式中，眼神的交流互动占据重要地位。在两个人交流时注视着对方的眼睛，一方面表达了对对方的尊重，另一方面能从对方的眼睛中"读出"一些信息。

事实上，眼睛所传递的信息十分有价值且相对准确。销售人员在与消费者交流时，如果注意观察消费者的眼睛，那就能更好地了解对方的真实想法，进而把握消费者的内心活动，这样便可以有针对性地应对各种状况，免受不利因素的影响，从而获得消费者的信任和喜爱，使销售顺利进行。

一般来说，在销售中，消费者的眼神有以下几种类型：

1. 柔和友好型

柔和友好型的消费者善良、真诚，对人很少有戒心。在面对销售人员时，他们眉眼、嘴角带笑，表现出对人的热情和好感。这样的消费者是销售人员乐于遇见的，即使交易未能达成，双方的心情通常也会很愉快。

2. 谨慎怀疑型

大多数人对销售人员持谨慎怀疑的态度，因此看销售人员的眼神也会充满不信任。如果销售人员提供的信息没有足够的说服力，就会引起这类消费者的怀疑。通常他们会皱起眉头，瞳孔变小，眼睛里透露出迟疑的神情。如果发现对方有这样的表情，销售人员就要设法消除对方的怀疑，才有可能促进交易达成。

3. 好奇型

如果销售人员的商品或服务有新奇之处，好奇型消费者的瞳孔会瞬间放大，眼睛发亮，盯着销售人员或者商品仔细观看，表现出极大的兴趣。此时，如果销售人员能够有效地进行引导，就会提高消费者下单购买的概率。

新奇是吸引顾客关注和下单购买的重要因素

> 只需用手在它前面一晃，它就会自动启动！

> 啊，这么神奇吗？

4. 沉静型

这类消费者的瞳孔通常保持自然状态，眼神波澜不惊，外表沉着冷静。这样的消费者一般见多识广、有主见且做事理智，不会轻易被销售人员的说辞所打动。对于这样的消费者，销售人员不宜采用套路，直接以真诚的服务和优秀的商品来打动对方才是最切实可行的。

总之，眼神是人内心活动的一面镜子，能够真实地反映内心的秘密。而且，不同的眼神蕴含着不同的意义。对商家和销售人员来说，了解并牢记这些常见眼神所代表的含义，必定有助于了解顾客的内心世界，增强与顾客的沟通，进而为销售工作提供很大的助力。

掩饰不住的眉语

古人将眉毛称为"七情之虹",因为它可以表现出不同的情态。通过眉语,人们不仅能够传达出很多意思,还可以彼此进行交流,如我们经常说的"挤眉弄眼""眉来眼去"等就是一种交流、一种暗示。而通过分析对方的眉毛所表达出来的情态以了解对方的意思,叫作"察眉"。在销售过程中,销售人员可以通过"察眉"来了解消费者的心理变化,洞察消费者心中的真实情感,进而推动销售进展。

扬眉

扬眉通常表示心中的愉悦,正所谓"扬眉吐气"。具体状态为双眉扬起,略向外分开,眉间皮肤伸展。如果销售人员的商品或服务正合消费者的口味,消费者就会眉开眼笑,眉毛扬起,表示内心的欣喜和愉悦。而如果是一条眉毛上扬,另一条眉毛下降,则表示对商品心存怀疑或者有不理解的地方。这就需要销售人员进一步证明或者加以解释。

销售人员要注意观察顾客的表情，抓住有利时机促进销售向前

皱眉

双眉皱起，脸部随之微微上扬，额头出现长长的水平皱纹。这样的表情表示不高兴、不耐烦或者很为难。这说明消费者对销售人员所说的话或者推销的商品不满意、不喜欢，并且不愿意再听销售人员继续讲下去。这时，销售人员就要及时转变策略，消除对方的不满。

耸眉

眉毛上扬,停留片刻后又降下,同时伴有撇嘴的动作,表现出一种厌烦和不欢迎的样子,有时也表示一种无奈。在这种情况下,销售人员要保持耐心,设法弄清楚对方对商品或服务哪里存有疑虑或不满,然后有针对性地予以处理和解决。

闪眉

闪眉,即眉毛闪动,表现为眉毛上扬,又立刻降下,如闪电一划而过,同时伴有扬头和微笑的动作。眉毛闪动是惊喜的一种表现,表示内心的惊喜之情。如果消费者有这样的眉语,销售人员就要意识到,成交很有希望。

此外,还有很多含义深刻的"眉语",如"眉开眼笑""眉飞色舞"表示喜悦或得意;"双眉紧蹙"表示忧愁或不快乐;"横眉"表示愤怒,如"横眉怒目";"愁眉苦脸"表示发愁、苦恼等。

销售人员要善于通过消费者的眉语来了解其内心的情感,并及时采取合适的方式与之交流和互动,促进交易向前发展,直至最终达成。

不同年龄段，消费习惯差异鲜明

消费者的年龄对购买行为的影响是十分明显的，因为不同年龄层的消费者有不同的消费心理和消费欲望，所购买商品的种类和结构也就有了很大区别。

老年消费者消费心理特征

通常情况下，老年人在消费方面比一般人更为谨慎，他们往往会征求家人及朋友的意见，以决定是否购买某商品。销售人员在向这类消费者介绍商品时，言辞必须清晰、准确，态度要诚恳、亲切。商品介绍完毕后，可以以唠家常的方式耐心地与对方交流沟通，对对方的提问要细致解答，让他们相信你的为人，绝不能焦躁，更不能强行推销。

中年消费者消费心理特征

中年消费者人多既有家庭，又有稳定的职业，属于购买力较强的人群。他们希望拥有更好的生活，注重自己的未来，努力使自己更加自由自在。他们注重家人的感受，希望家庭幸福美满。因此，他们极愿为家人奋斗，同时有主张和决定的能力。所以，只要商品符合他们的意愿,销售人员推销得法,成交率就会很高。

销售人员在接待这类消费者时,一方面要突出商品的高性价比,另一方面要对其本身及其家庭予以推崇和肯定,激发他们的成就感和自豪感。这样,交易成功率就会大大增加。

利用好顾客的身份、地位、心理,精准推销

您真是独具慧眼,这款扫地机器人是目前市场上最先进的,正适合像您这样高品质的家庭使用!

好像是这么回事,嗯,好吧,就它了!

年轻夫妇消费者消费心理特征

年轻夫妇通常思想较为积极、乐观向上,有较强的改变现状的意愿,同时消费欲望强烈。对于这类消费者,销售人员应以高度的热情进行商品介绍,突出商品的价值以及对生活品质的提升作用，这样可以有效地激发他们的购买欲望。

时尚青年消费者消费心理特征

时尚青年消费者多为未婚青年。在消费方面，他们独立性强，虽然消费能力有限，但是顾忌很少。所以，他们常常紧跟时代潮流，处于时代的前沿，购买自己喜欢的较为时髦的产品。因此，销售人员在营销过程中，非常重要的一点是一定要突出产品的前沿性和流行性，这样就可以赢得他们的喜爱与青睐，进而促成交易。

总之，在拟订营销方案的过程中，一定要考虑不同年龄段的消费心理和偏好情况，仔细研究不同消费人群的消费心理特征，然后针对其各自不同的消费心理，拟订推销方案和话术，以切实提高销售的成功率。

性格差异造成消费者独特购买行为

粗略来分,可以将消费者分为外向型消费者和内向型消费者。

外向型消费者

外向型消费者说话比较干脆果断,能明确地表达自己的意愿,语速也比较快,声调较为洪亮,愿意与人接触,待人热情,做事不拘小节。

表现在消费行为上,果断是这类消费者的一大特点。在购买商品时,如果他们喜欢就会很痛快地购买,不喜欢就会果断拒绝,通常不会绕弯子,多半会直截了当地予以拒绝,不太考虑对方的感受。

下面这段对话就可以看出这类人消费的特征:

"你好,我想为孩子购买一份保险。"

"您看,这是我们公司适合儿童的所有保险,我可以一一给您介绍。"

"不用,我把我小孩的情况告诉你,你帮我筛选一下,不用一一介绍了。"

"好的,那我记录一下,请您放心,我一定帮您选择一个最合适的保险。"

很显然,这个消费者就是外向型消费者,他不会拐弯抹角地说话,而是很直接地表达诉求。另外,外向型消费者凡事愿意摆出来,不喜欢藏着掖着。如果看到某客户办公室里摆放着资格证书、获奖牌匾,在一定程度上,能够反映出这个人比较自信和乐于展示自己,据此可以判断对方多半为外向型消费者。

一般来说,销售人员与外向型消费者交流是比较容易和顺畅的,和这样的人在一起,也不会感到压抑。当销售人员介绍商品和服务事项时,如果时间允许,他们通常会很乐意倾听,积极地参与进来,并发表自己的看法。

对这样的消费者,销售人员应采用积极主动、热情开朗的方式与之交往,尽量顺应对方的心意提供服务。

(1)及时赴约。外向型消费者通常有很强的时间观念,对于时间的把握,他们甚至能精确到以分钟甚至秒计算的程度。如果与这样的消费者预约,一定要做到及时赴约,否则就会给他们留下没有时间观念的印象,从而失去他们的信任。

(2)表达简洁。在与外向型消费者交流沟通时,销售人员要注意把握交谈时间,说话言简意赅,切中要点,要尽量用最短的时间把最有用的信息传达给他们,不要给对方留下啰里啰唆说不到点上的感觉。否则,会被对方视为在浪费时间,而不利于合作。

(3)注重事实。外向型消费者的目的性很强,也很直接,他们只关心你的产品或者服务能否满足他们的要求,通常不去管其他的方面。说服他们最好的方式就是用事实证明一切,其他烦琐的解释在他们看来都软弱无力,而且很没有必要。

(4)及时解答。外向型消费者作决策的速度很快,且缺乏一定的耐心,一旦对某项条款提出异议,就希望对方能迅速作出最合理的解释。所以,销售人员要跟上对方的节奏,及时地提供信息以助其完成决策,只有这样,合作才有可能取得成功。

内向型消费者

与外向型消费者豪爽干脆的性格不同,内向型消费者性格内敛、沉静,不善言辞,也不擅长与人交流,多数时候不愿将内心的真实想法表达出来,喜欢独处。

在消费方面,内向型消费者较为谨慎,对产品精挑细选,甚至长时间拿不定主意,决策时间较长。面对上门推销的人员,内向型消费者警惕性高,态度冷淡,不愿交谈,且极有分寸感,这使得销售人员的工作难以开展。

不过,一旦获得他们的认可,他们就会很乐意一直合作下去。面对内向型消费者,销售人员在销售时应做到:

(1)详尽全面。内向型消费者通常心思敏锐,推理能力强。针对内向型消费者的性格特征和心理状况,销售人员在与之交流沟通时,讲话要有条理和专业性,要将合作的优点和缺点逐一展示出来,提供的信息也要尽量全面。

(2)富有耐心。在销售人员介绍产品或服务时,内向型消费者往往会认真倾听,并对销售人员提供的信息进行认真思考、推敲。由于考虑的事情较多,他们思考的时间较长,但一旦分析完自己获得的信息，认为自己已充分了解销售人员推销的产品或服务时，合作成功的可能性就会很大。因此，销售人员一定要有耐心，并适时保持沉默，给对方足够的思考时间进行决策。

（3）积极主动。内向型消费者属于慢热型，由于他们天生性格内敛、沉静，且对陌生人有一种防御和警惕本能，因此往往表现得冷漠、无动于衷。但只要获得他们的认可，他们自然就会表达出十足的善意。等到彼此熟悉后，他们就会变得十分信任你、依赖你，甚至让你替他们作决定。

另外，内向型消费者在购买过某人的产品后，如果结果令他们满意，他们往往会选择信任此人，再次交易的概率会大大提高。所以，内向型消费者值得销售人员努力与之建立稳定关系。

第三章

激发出消费者的消费欲望

——给顾客一个消费的理由

消费者的消费欲望是潜在购买力转化为现实购买力的必要条件,而激发出消费者的消费欲望则是实现交易达成的关键一环。作为销售人员,总要想方设法,利用消费者各种心理,激发出消费者购物的欲望,给消费者一个消费的理由,才能实现销售的突破。

顾客"考虑考虑"背后的真意

很多时候，销售人员会面临这样的情况：明明顾客有现实需求，却往往会说"考虑考虑""让我想一想"之类的话。顾客这样说的真实目的是什么呢？换句话说，顾客说"考虑考虑"背后的真正含义是什么呢？

诸多事实证明，顾客说"考虑考虑"多半是一种委婉的拒绝，是一种托词。在顾客说出"考虑考虑"之后，销售人员等来的多半是交易的失败，或者是漫长的等待。

要洞悉顾客"考虑考虑"背后的真实心理

销售人员一定要明白这一点，不要傻傻地相信顾客考虑好了会主动与你联系完成交易。事实证明，这种情况发生的概率极小。所以，当顾客说"考虑考虑"的时候，销售人员一定要弄清楚顾客说这话的真实意图，然后采取有效的应对措施，促成交易。

销售人员要认识到，有借口比直接拒绝更有可能促成销售。只要针对不同的顾客，巧妙地运用不同方法加以引导，就能够有效地堵住顾客的借口。当你用热情和真诚去感染顾客时，谁又敢说顾客一定不会改变主意呢？下面的例子将告诉你这个道理。

一位看上去很有修养和气质的女士来到服饰专柜看时装。销售人员给她介绍了几个款式，结果那位女士要么觉得款式有些过时，要么嫌质量不够好，要么觉得颜色不太正。销售人员忙活了半天，也没能为女士找到一件合适的衣服。女士很有礼貌地对销售人员说："谢谢你的服务，可能我比较挑剔，让你白忙活了半天。"

销售人员很真诚地对女士说："美女，您客气了，该道歉的是我，浪费了您这么长时间，也没有为您找到一件合适的衣服，真是抱歉。"

听到这样的话，女士觉得过意不去，对销售人员说："没关系，我再逛逛，或许能找到令我满意的。"其实这位女士看中了一件衣服，只是觉得价格太贵，不好意思说，所以一直犹豫不决。女士又一次转到那件衣服的前面，拿起来端详。

销售人员立刻看出了女士的犹豫，走过去对她说："您真有眼光，这件是今年上市的新品，款式时尚，与您高雅的气质很相配，喜欢的话您可以试一下。"

女士又开始犹豫了，说："不用了，我就是看看，不过，我对这件衣服还是比较满意的。"

销售人员马上说："您可以试一下，不合适可以再找别的，而且这款衣服我们只购进了几件，可以以八折的优惠价卖给您。"

女士终于决定试一试，结果试过以后效果很好，只是还是觉得价格有点贵，就又以挑剔的眼光审视这件衣服，最后她发现这件衣服内侧的袖子接口处做工有些粗糙。而销售人员则解释说这是一种制作工艺，不属于质量问题。

销售人员又对女士说："美女，这件衣服很配您，您说的这一处也不是衣服的质量问题，确实是这件衣服的特殊工艺。我们专柜的衣服质量是绝对可以保证的，在价格上这已经是最低了。这样吧，看得出您很喜欢这件衣服，我们也想把它卖给您，这件衣服原价是698元，打八折后是500多元。我现在去找经理说一下，看能不能把零头去掉，以500元的价格卖给您，您看怎么样？再说一句，这件衣服和您真的很配！"女士点点头。

稍等片刻后，销售人员从经理办公室出来，她向女士做了一个"OK"的手势，说："我们经理同意了，您可以以500元的价格把这件衣服买走了。"

女士显然也很高兴，她对销售人员连连道谢，并一再说会多介绍朋友来这里购物的。

在顾客说"考虑考虑"时，销售人员没有放弃努力，而是以热情周到的服务继续引导顾客，最终凭借热情周到的态度和娴熟的引导技巧成功消除了顾客的犹豫心理，促成了交易。

"考虑考虑"不代表拒绝，更不代表没有交易成功的希望；相反，它应该成为销售人员的一个突破口，一个成交的契机。销售人员要仔细考虑顾客是不是真的需要，如果顾客需要该产品或者服务，就要想办法找出并强化顾客的需求，最终促成交易。

选择越多,越难以作出购买决策

我们的社会发展趋势是从缺乏选择,逐步发展到拥有选择,再到面临更多的选择。以我们最常见的用品手机为例,如今,手机的种类日益繁多、五花八门。然而,从心理学和经济学的角度来看,这或许并非一件好事。

心理学家在美国加利福尼亚州斯坦福大学附近的一个超市里进行过一个关于"选择"的实验:工作人员在超市设置两个小吃摊,一个小吃摊有 6 种口味的小吃,另一个小吃摊有 24 种口味的小吃。结果,有 24 种口味小吃的摊位吸引的顾客更多——242 位经过的顾客中有 60% 的人停下试吃;而有 6 种口味小吃的摊位前,260 位经过的顾客中只有 40% 的人停下试吃。

但是,购买的结果却出人意料:在有 6 种口味的小吃摊位前停下的顾客中,有 30% 的顾客至少买了一瓶果酱;而在有 24 种口味的小吃摊位前,只有 3% 的顾客买了果酱。

选择过多,会让人内心不安,感到无所适从。最后,具有讽刺意味的是,"多方案"变成了"无方案",什么方案也确定不下来,也就是俗话说的"挑花了眼"。因此,销售人员在推销商品时,不要给消费者提供过多的选择；否则，消费者"挑花了眼"，反而会觉得无从下手，更加难以作出购买决策。

仍以手机销售为例，销售人员如果为每款手机提供过多的型号选择，不仅不能增加低端手机用户的快乐，还会降低他们购买价格较高款式的满意度。事实上，当消费者面对一款复杂昂贵的产品时，能否作出正确决定会让他们变得越发紧张。研究结果表明，每种型号的产品提供 3 种选择已足够，而提供 7 种以上的会产生反效果。

过多的选择，反而使顾客难以作出选择

怎么这么多，谁能告诉我，我到底该选哪款？

美国心理学家巴里·施瓦茨在《选择的悖论》一书中也得出了类似的结论：过多的选择会给消费者带来焦虑，他们并没有因为丰富的选择而觉得"大权在握"，反而会产生无力感——在作出决定之前，他们得费心费力地研究所有的选项。

针对这一心理，销售人员在为消费者介绍产品时，一定要避免人为地给消费者制造"选择障碍"，而这就需要销售人员根据每个消费者的需求，主动为其推荐合适的产品。例如，在购买手机时，有些人看重手机的通话质量，有些人看重手机的上网功能，有些人看重手机的外观和款式，还有些人看重手机电池的待机时间等。销售人员可以根据消费者需求的不同侧重点为其进行介绍和推荐。

其实，每一个销售员都知道，洞察消费者的需求对于销售的成败至关重要。但是，有时候消费者的需求很隐晦，不容易把握。这时，销售员该怎么做呢？

医生给病人看病，需要望闻问切，总是要询问病人一些问题，然后听病人讲述自己的身体状况，之后才能作出诊断并开药方。这一"方法"同样适用于销售人员。销售人员在与消费者的沟通中，也要把询问与倾听紧密结合起来，从而发现消费者的真正需求，而不是在消费者面前滔滔不绝。要通过倾听，分析消费者内心深处的渴望。

快速激发消费者的消费欲望

相信每个人的衣橱里都会有几件因一时冲动而买的价格不低却没穿过几次的衣服。对消费者冲动购物的跟踪分析研究也表明：在超市的保健品和美容用品购买决策中，有61%属于非计划购买；商场超市中39%的消费者、折扣店中62%的消费者每次会冲动购买至少一件商品。可见，冲动性消费是一种普遍的消费现象。

所谓冲动性消费，说白了就是一时冲动购买，属于非计划购买，它的一个显著特征是短时效性。在某个时间段内，购买意愿会非常强烈，但是，一旦过了这个热情劲，消费者往往就变成低欲望消费者——原本的消费欲望消失了。

研究显示，在超市中75%的消费者的购物决定是在15秒钟以内作出的。这给销售人员一个提示，要趁消费者处于这个"冲动期"时，抓住消费者的"热情劲"，速战速决，将商品推荐给她（他），完成交易。

一般而言，消费者的冲动行为主要源于消费者本身的特性和购物环境的影响。作为销售人员，需要把握以下几个方面，才能有效激发消费者的购买冲动。

1. 建立信任

消费者不会盲目冲动，只有在放松警惕的情况下，才会被销售人员调动情绪，出现购物行为。所以，在与消费者交谈的过程中，销售人员首先应该与消费者之间建立起信任的关系，然后提高消费者的购买兴趣，使消费者快速作出采购决定。

2. 快速出击

在与消费者交流的过程中，要准确捕捉消费者瞬间的购买冲动，并全力以赴跟进，以尽快实现签单。因为当消费者处于这个"冲动期"时，也是其最不理智的时候，如果把握不住机会，等他们冷静下来，交易成功的概率就会降低很多。

3. 营造氛围

商品陈列尽量做到一目了然，达到商品的最大显露度，尽量将畅销商品和高利润商品放置在消费者视线最先进入的地方，以达到吸引消费者的目的。另外，要营造良好的现场氛围，以提高消费者在现场购物的可能性。消费者都有看热闹的心理，会潜意识地将拥挤程度视为商品受欢迎的程度，围观的人越多，消费者冲动的概率也就会越大。

4. 价格优惠

消费冲动在很大程度上源于喜欢"占便宜"的心理。因此，商家或销售人员可给予适当的价格优惠，以利于交易的达成。虽然单品的利润会有些下降，但是从总体来看，收益还是可以的。

当然，刺激消费者冲动的方法还有很多，关键是销售人员一定要把握住消费者冲动的时刻，及时出击，提高消费者购物的概率。

用恐惧击溃消费者心理防线

按理说，销售人员在向消费者推销自己的产品时，应当给消费者营造一种温馨的氛围，即"使用了我的产品之后，你会得到什么样的享受"，但现实是，许多商家及销售人员频频使出"恐吓"伎俩，如保险公司、银行、医药保健公司等，无一例外都在其销售过程中加入了恐惧的元素，而消费者也确实会为销售人员营造的"恐惧"所影响，购买一个又一个本来不需要的产品。

丈夫出差回来，突然发现客厅角落里多了一个家用灭火器。这是妻子买的。一个家用灭火器公司去她任教的学校做活动，现场展出很多照片。"全是火灾现场，吓死人。"妻子向丈夫还原了活动现场：在一个相对封闭的会场里，血淋淋的照片，满目疮痍的火灾现场，痛不欲生的当事人，都告诉消费者发生在家庭的火灾是多么的恐怖。相信没有人不为这样的场景感到恐惧，尤其是那些参会的家庭主妇。

与此同时，营销人员不失时机地向众人推荐这种家庭用的灭火器，可是他并不告诉众人拥有这个家庭灭火器就可以避免一切火灾,而是告诉你:有一个灭火器,总比没有好吧,况且才100多元,100多元也就是三口之家出去吃顿饭的钱,用这个钱来避免火灾,太值了!于是,在恐惧的气氛中,这些冷冰冰的罐子被家庭主妇抢购一空。

其实,恐惧是左右人们情绪的要素之一。害怕生病、害怕死亡、害怕被看不起、害怕失去……每个人都会有恐惧感。家用灭火器的销售人员正是利用了消费者的恐惧心理,为消费者制造震惊,击溃了他们的心理防线,从而顺利地使消费者产生兴趣,引导了消费。

了解了消费者的这一心理弱点还不够,销售人员还需要在营造"恐惧"氛围上掌握一些技巧。除了上文例子中利用场景制造恐怖效果外,还包括:

1. 描述制造恐惧

很多时候,恐惧来源于幻想。消费者通过销售人员对不利情况的描述,往往会在内心形成一幅令其恐惧的场景。比如,保险公司不停地告诉消费者,应该购买某种保险,因为未来充满了风险,一旦发生意外,如果没有买保险,就会处于悲惨的境况;银行的理财顾问频频向消费者暗示,通货膨胀正在加剧,应该购买他们银行新推出的某款理财产品,否则钱就会越来越"不值钱",甚至到最后会连基本的生活都无法保障;超市的售货员也对消费者说,现在的果蔬上有大量农药残留,为了避免农药的危害,就应该购买他们超市新进的一台可以给果蔬消毒的机器,花几百元买回全家人的饮食健康是很划算的；药店的促销员也会拉住消费者，推荐他们购买某种给儿童排铅的口服液，因为汽车尾气、大气污染等因素，孩子们体内都有铅毒，这会影响儿童的成长发育……

制造恐惧是销售人员推销业务的重要手段

> 去年，我市发生几十起火灾，车辆事故几乎每天都会发生，多少家庭……

消费者通过销售人员的描述和自己的联想形成的恐惧心理促使他们购买能够使他们"安心"的产品。

2. 数字渲染恐惧

用具体数字来说明问题，可以使说明更准确、更科学、更具体、更具说服力。例如，人寿保险销售员在遇到消费者后，总是找机会告诉对方这样一项统计资料："据官方最近公布的人口统计资料，平均约有90%的夫妇是丈夫先妻子而逝。因此，你是否打算就这一事实作适当安排呢？最安全可靠的办法，当然是尽快投保人寿保险。"再如，轮胎销售员对消费者说："去年高速公路上发生多起交通事故，30%的肇事原因是爆胎！"

这里用到的数字提供了一般人所不注意又确实存在的事实，既令人震惊又令人担忧，能引起消费者的格外注意和重视。销售人员便可利用消费者震惊后产生的恐慌心理，适时地提出解决方案，这样就更容易达到成交目的。总之，无论是显而易见还是半抱琵琶，销售人员都可以利用在消费环境中营销"恐惧"的氛围，来激发出消费者的消费行为。

通过对比激发消费者的购买欲

正如没有黑暗,就没有光明;没有苦,就没有甜;没有丑,就没有美……世界上任何事物都是在和其他事物的对比中被感知存在的。具体来说,就是形成了对比感,有利于被感知事物的差异或共同点从背景中分离出来,从而使感知者有效感知。商品也是一样。如果把一样商品与其他商品同时展示出来进行比较,会使它们各自的特点更加突出。一般来说,对比有横向对比、纵向对比、同类产品对比、不同类产品对比等几种方式。但无论哪种方式都在传递同一个信息,那就是产品的优势。

通过对比产品的性能、价格、服务等方面,来强调产品的优势和特点,让消费者找到最满意、最适合自己的产品,从而最大限度地激发消费者的购买欲望。总体来说,有以下几种对比:

1. 价值对比

我们常说:"不怕不识货,就怕货比货。"很多时候,销售人员想要凸显自己产品的价值,会拿竞争对手的产品来作对比,利用对方的缺点来凸显自身优点,使消费者感受更加深刻,进而增强在消费者心中的价值感。

通过对比，凸显产品的高价值

> 您看他们的产品功能多单一，价格还那么贵，再看看我们的，功能齐全，而且价格合理……

2. 价格对比

很多人有"便宜没好货，好货不便宜"的观念，因此明明是物美价廉的优质商品，由于价格低得有些离谱，消费者就可能怀疑那是劣质商品，所以一味的低价并不是高明的营销之道，尤其是对房子、汽车等一些价值含量高的商品来说，低价销售不一定是好的营销策略。这时，就可以运用价格对比的方法，引导性、暗示性地用所谈的产品价格与同类产品价格作对比，从而让消费者明显感觉物有所值。

小潘是一位房地产推销员，一直以来，她都是公司的推销好手，业绩总是稳居第一。她有什么秘诀使她成为公司的销售精英呢？

一次，一位客户来看房，在小潘的介绍下，客户看中了其中的一套房子。看起来客户对那套房子各个方面都比较满意，但当小潘给房子开价130万元的时候，客户就皱眉头了。

"我昨天在另一家公司看的房子和这套房子差不多，但是人家只要105万元，为什么你们的房子贵了这么多呢？"

"那怎么可能？不会的，先生，这样，您是否方便告诉我您这边的预算是多少？"

"110万元吧！"

"好的，先生，我们这里有售价110万元的房子，但不是这套房子，而是对面的那一套。"于是小潘把客户带到了她所说的那套房子前。这套房子和刚才的那套房子比起来，不管是宽敞程度还是采光程度，都远远不如刚才那套。

"这套房子售价110万元，在您的预算内。"小潘说道。

"这套房子和刚才那套相比，相差太远了。刚才那套房子到底还能优惠多少呢？"

这时候，小潘知道有戏了。最后房子以122万元的价格卖给了这名客户。

在销售中，坚持"一分钱，一分货，物有所值"的销售理念，会帮助销售人员更容易获得较理想的销售价位。小潘之所以在她的推销生涯中能取得好的成绩,和她的推销能力有莫大的关系,她充分利用了对比认知原理,从而促成多宗交易。

需要注意的是,销售人员在运用对比法来推销产品时,言辞要温婉。尽管不认同顾客给出的价格,但在表达方式上要让对方感觉到,你所不赞成的只是他出的价格,而不是在否定他的人。如果在表达方式上有所不当,甚至伤了对方的自尊心,不但做不成买卖,还无形中得罪了人,这是运用此法的大忌。

营造宽松的购物环境

有时,我们会发现一种奇怪的现象:那些围在消费者身边热情推销的销售人员,反而不如让消费者自由选购商品的销售人员业绩好。这是为什么呢?

这其实就是"自由"的力量!"自由"这个词蕴含着改变人们行为的实际影响力。简单地对一个人说他是完全自由的,就有可能引导他达成你的心愿。

为此,研究人员做过这样一项实验:实验者在街上向路人借钱买公交车车票。在"您请随意"的条件设计中,对路人这样请求:"您能不能借我几元钱买车票?即便没有,也非常感谢您!"在对照实验中,说:"您看起来会给我几元钱买车票,是这样吧,先生?"结果是,当表示自愿的时候,不仅出钱的人数增多,而且给的钱也更多。

从实验结果来看,自由感是个人自发地实施某种行为的重要前提条件。在消费行为中,这种心理往往表现为,消费者更喜欢一种宽松、自由的购物环境供他们观赏和挑选。如果销售人员过分热情,紧紧跟随并且喋喋不休地介绍商品,就会让消费者产生反感,让他们感到一种无形的压力,反而会使他们趁早"逃之夭夭"。

针对消费者的这一心理，销售人员可以利用给消费者以"自由"的感觉来达到销售商品的目的。为此，销售人员要做到：

1. 不要过分热情

热情是被销售人员认同的必需的服务态度和服务环节。顾客进店，销售人员要笑脸相迎，主动打招呼，即便交易不成也需热情，但任何事情都要有个"度"，冷漠会使消费者失去购买兴趣，而太过热情也会吓着消费者。据一家商业机构调查，在店门口安排两名营业员，不时地向路过的人发出"欢迎光临"的邀请，又是微笑又是鞠躬，结果大多数消费者绕道而行。过分的热情会让消费者感到不知所措，进而"逃之夭夭"。

过分热情会让顾客产生不真实的感觉

因此，优秀的销售人员不要过分热情，以免使消费者感到不自在。正确的做法是与消费者保持恰当的距离，可只用目光跟随消费者，观察其行为。当发现消费者对某产品产生兴趣时，再上前询问和引导。

以下是消费者产生兴趣的表现：

当消费者看着某件商品时，眼睛放光；

当消费者走到某商品前，突然停下脚步；

当消费者仔细打量某件商品（表示有需求且可能购买）；

当消费者寻找标签、查看价格（表示已产生兴趣，想了解品牌、价格、产品成分等信息）；

当消费者看着产品又四处张望（表示欲寻求销售人员的帮助）；

主动提问（表示消费者需要帮助或介绍）。

当遇到这些情况时，销售人员可以主动上前打招呼。但需注意的是，千万别出其不意地在消费者背后出声，以免吓到对方。应从侧面自然地打招呼，并及时为消费者提供专业的产品知识。

2. 不要强买强卖

消费者的消费决策应是基于自由意志作出的决定。因此，当消费者看好某件商品却难以作决定时，销售人员即便心里再着急、再渴望成交，也不能催逼消费者。此时，销售人员要做的是尽可能地给消费者留下专业的印象，以提高其购买的概率。

例如，有个大学生想买一套音响，由于产品种类繁多，再加上经济条件等因素，一时不知该选哪个好。正当他徘徊不定时，销售人员走过来对他说:"这套音响价格不低,不过质量确实很好。你可以考虑好了再决定买不买,也可以去其他店看一看,多比较一下总归没有坏处。等你考虑好了再买也不迟!"听了这话,大学生顿感轻松,去其他店看了看,没发现明显区别,又觉得之前那个销售人员不错,于是就返回那个店,买了一套音响。

  没有人喜欢被支配。如果销售人员给消费者一种试图支配他的感觉,消费者只会对其产生抵触并敬而远之。总而言之,销售人员在做到热情、周到的同时,一定要给消费者留有一个自由、宽松的空间,当感觉消费者需要帮助时再给予帮助。对消费者进行帮助时也要注意把握两个原则:一是专业;二是适度。

"沙子"换"金子"的智慧

如果你问消费者,用"沙子"换他们手里的"金子",换不换?他们一定回你一句"神经病!"不过,现实情况是销售人员往往能够通过"沙子"般的恩惠,最终获得消费者"金子"般的回报,进而实现销售的目的。麦当劳让公众无偿使用厕所就是一个典型的例子。

世界快餐巨头麦当劳一项众所周知的特殊服务是,厕所向公众开放,在正常营业期间,你随时可以去麦当劳上厕所,并且不需在那里消费一分钱!而且,开放为公用的麦当劳厕所依然维持了高质量的服务:由专人定时、保质打扫,每个厕所的门后都有一张清洁表,每天的打扫人和检查人都要签字确认;卫生打扫得非常细致,有着具体的规定,像地面、台面、镜面、把手、水渍和纸篓等单项,都以表格形式列出来,列进工作程序,由专人逐一完成。虽然承担着一定的公厕的功能,人流量非常大,但即便如此,厕所仍然随时保持干净,没有异味,以最佳的形象接待有需要的公众。

不仅如此,麦当劳还把厕所作为一种宣传窗口,整个设计风格和颜色与店面装修保持一致，让你使用的时候能够感觉到浓浓的麦当劳的风格，不会因为关上了厕所的门就好像进入了另一个世界。

麦当劳是一家餐厅，销售好吃的食物是它盈利的主要方式，它为何要开放自己的厕所给有需要的公众呢？难道是想让公众在如厕之后心存感激，马上就找张桌子坐下来就餐？当然不是！麦当劳让公众无偿使用厕所，服务还特别周到，看似自己支出了一部分没有直接回报的成本，但无形中给公众打开了一个窗口，让使用自己厕所的人体验到麦当劳独特的企业文化和超一流的服务。这至少加深了人们对"麦当劳"这三个字的印象，当为自己的儿子或女儿过生日时，选择麦当劳的概率就会大大提升。

其实麦当劳这一策略，正是运用了这种"沙子"换"金子"的智慧，即为公众增加额外服务，换取品牌提升收益。显然，这是一种高明的营销策略。

这种不公平的交换，其实是一种人际交往中的相互满足，心理学上称为"互惠效应"或"互惠原则"。心理学认为，互惠效应之所以能够引发不等价交换，是由于人们习惯对他人的某种行为，要以一种类似的行为去回报对方。而且在通常情况下，谁先施人以恩惠，谁就越能够从这种交换过程中受益。

除了提供无偿服务这种方式外，商家及销售人员用"沙子"换"金子"的手段还有很多，如赠送礼物。当销售人员向消费者推出有赠品的产品后，消费者常常会因为好奇或者喜欢心理，对活动中的赠品产生浓厚的兴趣，在这种心理驱使下会情不自禁地看产品，此时，便给销售人员创造了机会。再加上销售人员热情、耐心的讲解，消费者内心便会产生负债感。例如，他们觉得自己看了这么久礼品，销售人员又向自己介绍了这么久的产品，不买好像都不好意思或者很难拒绝，于是稀里糊涂地购买了一个自己原本不打算买的东西。不过，在赠品的选择上，商家及销售人员也要制定基于消费者心理和消费行为的技巧性分析和针对性策略。消费者受到的触动是基于有价物赠品的实用性和现时个人或家庭需要的紧迫性，由于赠品和产品都是消耗品，所以它们相得益彰，促销具有持续性。

发挥赠品的吸引作用

再如，免费试用试吃。中国有句俗话：吃人家的嘴软，拿人家的手短。免费试用的妙处在于，这些样品本身就是促销员赠送

给顾客的礼物，顾客无意中接受礼物后，就会产生一种负债感，通常只能通过购买产品的方式，以减轻那种负债的压力。比如，在很多超市里，经常会看见一些促销员端着饮料、糖果等食品，笑容可掬地请顾客品尝。有相当一部分顾客在品尝完样品后，会买一些这样的食品。在安利公司流行着一种免费试用的推销策略：推销员将一组安利产品放在一些潜在的顾客家中，告诉他们这些产品都可以随意使用，不收取任何费用。没有人会拒绝推销员的好意，然而在使用后，他们又会产生一种强烈的负债感，只好掏钱买下一部分产品。

总之，不管用哪种方式，只要销售人员掌握了消费者的这一心理弱点，就可以利用这种互惠原则，激发其潜在的消费动机，继而促成一次次的"沙子"换"金子"的不等价交易。

专家式的解读，让人更放心

人们大多倾向于相信和认可权威的心理，虽然这种信任和认可很多时候是盲目的，但在销售活动中，销售人员大可利用这种影响力以及人们对专家的遵从和认可心理来达到销售目的——在与消费者交流时可以模仿专家的说话方式，采用专业性话语，以求吸引对方。

以产品介绍为例，通常情况下，优质的产品介绍需要符合FABE的要求：F代表产品的特征；A代表产品的优点；B代表消费者的利益；E代表相关证据。在给消费者介绍产品时，要把产品的性能、材料、外形、实用性、便利性、价格以及可以给消费者带来哪些便利和利益等，都说清楚，才算是良好的产品介绍。

例如下面这个产品介绍：

"诸位请看，这是一款新式调料瓶。瓶口有舌状倒出口，出口上刻有5厘米的沟槽。这个沟槽的作用是防止瓶内液体外漏，且不会妨碍向里面倒入液体，油、醋、酱油等都可以由此口顺畅倒入。

这款调料瓶的优点之一是在倒完瓶内所装液体后，瓶口不会存留所倒液体，因此看起来十分干净卫生。根据我们的市场调查，这一特点是市场上同类商品所不具备的，因此具有显著的差异化和稀缺性，能够为产品带来强劲的市场竞争力。"

专家式解读能促进交易向前

> 嗯，不错！不错！

> 您看这瓶口有5厘米卡槽，能防止……

"您再看，这款调料瓶呈圆锥形，盖子为圆形，上下一体，给人一种圆润、光洁之感。在颜色方面，有蓝、黄、绿三种可供选择，可以说外观时髦别致。它既可以放在厨房，也可以置于餐桌或食品柜中。因此，无论从外形还是实用性来看，这款新式调料瓶都堪称完美……"

这个产品介绍比较符合 FABE 的要求，产品的性能、外观、使用方法、特色以及给消费者带来的利益都介绍得十分清楚，消费者也能听得明明白白。

专家式的介绍和解读，无疑更能获得消费者的信赖与支持。但同时我们要注意避免陷入一个误区：有些销售人员为了让消费者觉得自己是行业专家，对所售产品十分了解，在向消费者介绍产品时，一味地用专业术语包装自己和产品，试图以此赢得消费者的好感和信赖。然而，这种卖弄专业术语的行为往往会给销售带来不良后果。消费者会因这些听不懂的术语与销售人员产生沟通障碍，也会因这些艰深的术语对产品失去兴趣。例如，保险行业推销员如果总是搬出一堆专业术语，如"费率""债权""债权受益人"等，即使消费者有购买兴趣，也多半会因听得一头雾水而委婉地谢绝。

所以，销售人员在努力使自己成为产品专家，能够以专业的口吻为消费者释疑解惑的同时，也要学会站在消费者的立场解读产品和服务，只有这样才能真正获得消费者的信赖，进而实现良好的销售业绩。

"心情好"也是一个购买理由

一个人心情好的时候,通常也是他(她)最大方、最好沟通的时候。俗话说,"人逢喜事精神爽",在心情好的人眼中,世界是明亮的,充满阳光和希望;而在一个人心情差时,则会表现得斤斤计较,比较吝啬,看谁都不顺眼。在他(她)眼中,每个人都在算计他(她),都在给他(她)挖坑设套。销售人员若在此时与之沟通,多半会遭到拒绝或冷遇。

可以将这种规律称为"好心情定律"。在一定程度上,这个定律可以说是放之四海而皆准。销售人员在向消费者推销商品时,也可以借助这一定律。因为很多时候,消费者对商品的满意度往往也是看"心情"的,并非产品好,消费者就一定会满意。心情作为一种产品附加的无形价值,能使消费者在购买过程中获得精神享受。在美好的心情下,消费者更愿意掏腰包,也就是说,"心情好"也是一个购买理由。因此,作为销售人员,一定要适时抓住消费者心情好的时机,推动交易向前发展。

"心情好"是顾客消费的一个重要理由

日本保险业推销大师原一平就很懂这个道理。在推销保险时,每当有消费者问他:"投保的金额是多少?我每个月要支付多少钱?"原一平通常会把问题岔开:"有关投保金额的问题以后再说。因为保险公司是否接受您投保,需等您体检后才能确定,所以目前最重要的问题是赶快去体检。"这样回答之后,有 99% 的消费者不会再追问下去。

原一平为何这样做呢?对此,他解释说,因为在体检之前,"关于投保金额多少的问题尚未提上日程",而需等到体检通过,才与消费者谈投保金额的问题。因为体检刚通过,证明自己身体健康,任何人心情都会比较愉快,这时是谈投保金额的最佳时机。

若错过了这个最佳时机,就可能出现延期投保或降低保额等问题。

同样一个人,同样一件事,开口的时机不对,结果很可能完全不同。想想看,有人做生意刚赔了十几万元,这时向他推销产品,他能有心情买吗?所以,作为销售人员要牢牢记住"好心情定律":在消费者心情好的时候向对方推销,成功的机会就更大!

不过,在现实生活中,一个人不可能总是保持好心情,遇到心情不好的消费者也是常有的事。如果看到对方心情不好就敬而远之,也不合适,因为那样会让对方觉得你跟他只是买和卖的关系,没有个人感情可言,那么你下次再向对方推销产品或服务,对方也多半不会搭理你。其实,从某种角度来说,人在心情不好的时候,也是公关的好时机。例如,我们经常见到或听过这样的事情:女孩子心情不好的时候,刚好有一个男孩子来安慰她,后来两人坠入了爱河。那么这时,销售人员应该怎么做呢?

正确的方法是适度共情。如果不便深入询问,可以发微信或打电话说一些安慰的话。如果关系亲密,可以陪着说说话,或者一起逛街、吃饭。

总而言之,作为销售人员要充分利用"好心情定律",在消费者心情好的时候向对方推销产品或服务,相信成功率一定会大大提高。

设法吊起消费者的胃口

好奇心是所有人类行为动机中最有力的一种。由此可见,勾起消费者的好奇心是引导消费者进行有效消费的最佳途径之一。

好奇心其实在人刚出生时就有。婴儿刚来到充满光明的世界,周围都是从未见过的东西。为了理解周围的一切,他(她)会不断地向四周张望。长大一些后,他(她)开始不满足只用眼睛看,还试图用手去抓各种东西,甚至不管抓到什么都往嘴里塞,想尝尝是什么味道。孩子的这种探索行为,可以促进孩子智力发展。这一切行为的原动力就是好奇心。

人性就是如此,对我们来说,"为什么会这样?""到底是怎么回事?""真的有那么神奇吗?"之类的问题得不到解决,就会感到不安。解决了这些问题,则会使我们获得一种安定的情绪。因此,销售人员可以利用人的这种好奇心,通过设置"悬念"引起消费者的注意、勾起消费者的好奇心来打开销路、销售产品。

通常,销售人员唤起消费者好奇心的具体办法有以下几种:

1. 提问设疑

人们有一种思维习惯，就是会对问题不自觉地产生关注。这种思维习惯常被销售人员所利用。比如，一位销售人员对消费者说："您相信这款新式扫地机器人可以自动充电吗？"这种说话方式很容易引起消费者的好奇心。于是，接下来消费者就会怀着好奇心听销售人员继续往下讲。这样，销售人员就成功吸引了消费者，为后续销售奠定了良好的基础。

唤起好奇心是吸引消费者的重要手段

2. 话说一半

如果消费者已经掌握了他们想要了解的所有信息，那么他们可能就不需要销售人员的帮助了。所以，销售人员在面对消费者时，不要一下子全盘托出产品的信息，即不要将产品的所有信息都透露给消费者，而是有选择地透露一部分。当消费者对产品一知半解时，他们就会有想要获得更多信息的欲望。如果消费者开口询问，销售人员就可以因势利导。比如，销售人员说："先生，我们的工程师前几天对贵公司的网络进行了一系列测试，发现存在一定的安全隐患……"

如果有人告诉你你的公司或家里存在一定的安全隐患，你会不感到好奇吗？会不关注吗？你一定想知道更多有关的情况。一旦消费者的注意力和好奇心被勾起，销售人员就可以一步步引导消费者进入销售程序。

3. 推陈出新

对于新奇的事物，人们都想一睹为快。所以，销售人员提供新奇的事物可以起到激发消费者好奇心的作用。更重要的是，人们不想被排除在流行之外，所以销售人员可以利用这一点来激发消费者的好奇心。比如："先生，我们将推出两款新产品，帮助有需要的人开展 AI 电子商务。它们对您很有用，您愿意看看吗？"

不过，利用消费者的好奇心进行销售，有时候会被消费者认为是在耍花招。所以，销售人员设置的"悬念"不要太脱离实际，而且产品或服务本身要与消费者的自身利益相关，不要让对方觉得和他（她）毫无关系，那样他（她）就会觉得受到了欺骗。所以，利用好奇心销售要掌握火候，掌握分寸，不宜过火。

消费体验，不可忽视的一环

心理学认为，喜欢参与是人类的一个特点。参与到某一活动中会让一个人感觉到自己的重要性，增强存在感，同时能感受到来自他人的尊重和信赖，从而激发出热情。

有一位知名插画师每次给小说画插图时，总是在插图的一个角落画上一只狗。负责书稿的编辑坚决要求删除这只显得不伦不类的狗，而插画师则"据理力争"，要求保留这只狗。但由于辩驳不过编辑，最后才"迫不得已"忍痛割爱。

结果，插画师的其他部分在几乎没有改动的情况下就发表了，插画师达到了他真正的目的。插画师为什么要多此一举画只小狗呢？实际上，这个插画师的目的之一，就是在保证插画的真正内容不受损害的情况下，给编辑一点儿"参与"的机会。

在销售活动中，这一原理同样奏效。例如，美国前些年食品市场出现了一种速成蛋糕粉，只要加水就可以和好面粉，然后送入烤箱，蛋糕就做成了。然而，主妇们对这种速成蛋糕粉非常抵制。后来对配方稍加改动，要求主妇在其中打入鸡蛋，结果大受欢迎。再如，在高级餐厅中，桌子上摆的胡椒粉、盐，大多需要手动旋转将其磨碎，然后才能取用。而低级一些的餐厅则是提供磨好的胡椒粉和盐。这同样体现了"参与感"的重要性——在商品中加入一定的"当事人的参与"，就可以得到更多的认可。因此，作为销售人员，应该想方设法让消费者参与到销售活动中，以增加消费体验，激发消费者的消费欲望。

消费体验是营销的重要环节

除可以让消费者亲自动手体验之外，还可以让消费者对所售产品进行评判，这也是一种非常有效的参与方法。

事实上，让消费者对所售产品进行评判，会极大地增加消费者对产品的了解，增强他们对产品使用的信心。另外，还能够使消费者有被重视的感觉，这一点对于交易的顺利开展极为有利。

A市最大的民营医院为了满足市场需求，准备购进一批X光机。院方把这项采购任务交给了医院放射科的一位主任。消息传出后，这位主任每天都被多个X光机生产厂家的销售人员包围。这些销售人员在这位主任面前不停地夸奖他们推荐的机器设备有多先进，性能有多出色，让这位主任不胜其烦。

有一名销售人员却与众不同，他设法见到这位主任后没有像其他销售人员那样滔滔不绝地介绍产品，而是对主任说："谢谢您在百忙之中给我时间，我简单地说，我们公司生产出一套新的X光机，不敢说十全十美，它肯定有不足之处，因此我们想更好地完善它、改进它。现在我们需要一位专家来对这款新机器进行科学的评价，以便我们能够知道如何才能使它变得更好。因此想请您百忙之中找个时间帮我们去测试一下，看看如何改进，才能更符合您这一行业的要求。您的宝贵意见对我们十分重要，定能使我们的机器更加完善。知道您非常忙，所以我们会在您方便的任何时候恭候您，我们非常想听到您的指教。"

这位主任听后，露出高兴的神情，对这名销售人员说："你这么说让我出乎意料，让我感觉自己很重要。说实话，到目前为止，还没有任何一个X光厂商向我请教设计制造方面的问题，你是第一位。确实，我的时间很紧张，我非常忙，但为了这份信任，我决定推掉明晚的私人约会，专程去看你们的机器。"

第二天下班后，这位主任果真没有去赴私人约会，而是随着这名销售人员去看他们新生产的X光机。在看过机器后，主任给予了高度肯定，并认真地提出了几点意见。沟通在友好的气氛中进行，最后，这位主任向这家厂商购进一批这种型号的X光机。

消费者是产品的最终使用者，从这个角度而言，产品的好坏在一定程度上由消费者"评判"。鉴于此，销售人员应想尽办法为消费者创造亲身感受产品功效的机会和条件。只有这样，消费者才能更清楚商品的真正价值，更深刻地体会到拥有该商品的切实好处，从而极大地增强其作出购买决定的可能性。

销售人员的任务在于，掌握让消费者参与的最佳时机，在恰当的时间点让消费者参与进来，使其恰到好处地感受到产品的优势，进而有效推动交易进程。

第四章

打消顾客的消费心理顾虑

——临门一脚要踢得干净利落

要想在消费者"买还是不买"的犹疑不决关口,踢好"临门一脚",核心就是要想方设法巧妙化解消费者的疑虑,让消费者对产品放心、对服务放心、对商家放心。只有让消费者安心,商家和销售人员才能赢得这场博弈的胜利。

利用好标价牌的错觉

消费者的很多消费决策常常会受一些无关参考值的影响。例如,他们总是不可避免地拿现在的价格与原来的价格进行比较,并从它们的差额中获得满足,进而做出购物行为。因此,销售人员完全可以在标价签上做文章,利用心理错觉带给消费者更大的心理满足,从而促进销售。

1. 数字错觉

我们都知道,整数计算起来相对容易,然而,在很多超市的零售现场,几乎找不到用整数标价的商品。198元绝不会标成200元,16.80元也不会标成17元。这并非商家自找麻烦,而是商家的精明之处,是商家利用数字给消费者造成心理错觉以促进销售的手段。

从心理学角度看,数字会对人的心理起到以下影响和作用:

一是先入为主的心理影响。人的潜意识认为,198就是100多,而201则是200多。两种标注方式给人一种相差很大的感觉,实际上并没有差多少。在标注折扣范围的时候,是同样的道理,3～8折,一定会将3折写在前面,而不会写成8～3折,把8放在前面。

不同的数字会带给人不同的感觉

> 看,这套保暖睡衣才100多元,超值了!

二是四舍五入的心理影响。四舍五入作为处理数字的一项基本原则,被广泛应用,在判断价格时也不例外。然而,它对人的心理造成的影响各不相同。14.80元与15.10元给人的感觉一样吗?14.80元感觉更靠近15元而非10元,而15.10元则让人感觉快要到20元了。因此,商品的标价多数是6.80元、14.80元、16.80元等,而不是7.10元、15.10元、17.20元等。

2. 颜色错觉

经常听到有人说:"超市促销时不是都会贴黄色传单吗?我每

次看到这种传单,都会被它所吸引,觉得宣传的东西一定便宜,不进去买点太可惜了!所以我进去后,一买就是一大堆。可是,一回到家我又后悔了,因为大部分东西我现在用不着。"

就心理学研究而言,这段话意义非凡。通常,黄色并不总是给人带来不好的联想,有些说法只是部分负面的表述。人们对黄色的"轻视"并非普遍存在。例如,买车时有人会选择黄色汽车。在美国,并非所有内容开放、纯趣味性但被人瞧不起的大众报纸都被称为"黄纸报"。就汽车销售传统来看,虽然有部分消费者会指定购买白色汽车,但不能说黄色汽车总是无人问津。

同样的道理,出版业界为使定价高的书看起来有便宜的感觉,会花工夫把纸张漂白,以引诱人们产生价钱合理的错觉。而将特价商品的标价牌做成黄色,原因也在于此。

3. 写法错觉

我们常见到在减价促销的广告中,旧的价格被写在新的价格旁边并被划去。通常,划去的原价是个整数,而新的价格通常以数字9结尾。这个小细节会让人觉得两个价格之间有很大差距,从而认为买下它是非常合算的。

另外,原价往往是印刷体,而折扣价是在原价的旁边用笔写上的。这种做法是因为印刷体通常给人正式、权威、昂贵的印象,而手写的数字常给人非正式、特别、便宜的感觉。因此,即使是价格相同的东西,商家也多喜欢用这种方式使商品看起来更廉价。

总而言之，这些做法的目的都是让消费者感觉此时的商品相对于平时来说价格更优惠。这些错觉的产生很多时候会让消费者获得更大的满足感。在此基础上，如果消费者不愿错过这一好机会，就会下定决心购买。

"大钱"化"小钱",淡化价格敏感度

无论什么商品,无论售价高低,只要在市场上销售,总会有人觉得价格高。"太贵了!"这恐怕是任何一位推销员都听过的最为常见的异议。消费者还可能会说"我能在其他地方以更便宜的价格买到这种同等质量的产品""我还是等价格下降时再买吧""我还是想买更便宜的"等。

在这种情况下,除了向对方证明你的产品值那个价格外,还可以采用化整为零法,即将"大钱"化为"小钱",以此淡化消费者对价格的敏感度。

这种做法是有心理学依据的。心理学家研究发现,人都有这样一种奇妙的心理:当对一个数字感觉很大时,如果将它拆分开来,就不会觉得那么大了。例如,消费者乍听到某件产品的价格时,会觉得很贵,并且认为这个产品不值这个价格。然而,当销售人员算出他每个月、每天甚至每小时为这个产品支付的费用时,当事人就会将这笔支出与意识中的小支出进行比较,从而认为这是一笔小钱,就会觉得这个价格并非那么难以接受,实际上它还算合理,进而接受这个产品。比如,一套房子总价几十万元,如果采用贷款的形式购买，除去首付，尾款商贷 30 年，每月只需还款一两千元，很多人就是在这种心理作用下成了"房奴"的。

从具体方法上来说，销售人员可以这样做：

1. 价格细分

要想把价格由大化小，最常见的做法是把价格按使用年限分解。销售人员告知消费者，虽然价格贵一点儿，但使用时间长，平均下来每年或每日所花的钱并不多。这样做可以大大降低高昂的价格对消费者的心理冲击，从而消除消费者的抵触心理。就像 36000 元/年与 3000 元/月给人的感觉不同一样，让消费者切实认识到开出这样的价钱是值得的。

2. 差额比较

当消费者对价格感到不满时，销售人员可以引导消费者说出他们认为比较合理的预期价格，然后针对产品价格与消费者预期价格的差额对消费者进行有效说服。

采用这种方法最大的好处是，一旦确定了价格差额，商谈的焦点问题就不再是庞大的价格总额了，而只是区区小数的差价。这时，再进一步阐明产品价值，把消费者的注意力吸引到产品的价值或拥有产品后的美好愿景上来，消费者可能就不会过于坚持自己原有的看法了，交易也就有可能达成。

3. 分期付款

很多时候，消费者看到高价商品，即使心里很喜欢，也往往会被价格吓退。为了抓住这些对商品心动却对价格却步的消费者，销售人员可以通过提供分期付款的方式来留住他们。例如，现在我们无论买房子、买汽车、买家电还是买手机，都可以分期付款。这种方法使原本很大的一个数字变得不那么让人难以接受了。细水长流，就会觉得轻松多了。

分期付款可以降低价格对人的心理影响

这款手机看着很贵，可是您只需要每月支付500元，就可以马上拥有它！

哦，好像是呢！

总之，价格问题对消费者而言永远是最敏感的。那些聪明的销售人员总是想尽各种办法抓住消费者的"小财"心态，其目的是将消费者的注意力从较大的数额转移到比较容易接受的小数额上。"原来价格并不贵"的念头会让消费者心动，从而有效提高成交率。

向顾客承诺产品零故障

事实证明,产品零故障的承诺对消费者具有巨大的吸引力。

严格来讲,产品零故障在现实中难以完全实现。不过,若产品在使用过程中因操作不当或外力作用而出现故障,消费者通常能够理解。因此,只要产品本身合格且经得住考验,销售人员作出零故障的承诺不能简单地视为欺骗消费者。然而,这种说法并不完全准确。虽然产品合格,但零故障承诺仍存在风险,一旦出现故障,可能会引发消费者的不满和质疑。

毫无疑问,任何有故障的产品都会让使用者感到不愉快。所以,从这个角度来说,最好的服务应致力于保证产品尽可能地接近零故障状态,但零故障的产品并不等同于最好的服务。最好的服务应该是在产品出现故障时,能够提供及时、高效、优质的维修服务,同时加强与消费者的沟通和安抚,以减少消费者的不满和损失。

事实上,绝大多数顾客在购买产品后,在使用过程中总会担心产品会在某天出现故障甚至产生危险。顾客没有义务为此担惊受怕,他们需要的是安全感。当产品出现故障后,即使提供了优质、快速的维修服务，顾客也会为此耗费心思和时间。企业应在提高产品质量、加强售后服务以及与顾客的沟通等方面下功夫，以增强顾客的安全感和满意度。

产品零故障是最好的服务

另外，由于多种原因，如今很多商家的售后维修并不如承诺的那样迅速及时。打了几次客服电话后，维修人员才姗姗来迟。显然，这样的售后服务无法令顾客满意。从这个角度来看，产品的零故障承诺更能让消费者心动。

20 世纪 90 年代，日本有一家生产复印机的公司垄断了日本复印机市场。然而，尽管他们的产品占据垄断地位，但其产品质量却不尽如人意。该公司频频收到顾客投诉，为此，该公司建立了一个庞大的维修网络。但这个维修网络治标不治本，没有真正站在顾客的角度为顾客着想。

　　后来，商家与用户的矛盾日益加剧。最后，该公司不得不在两种方案中作出选择：要么对产品进行重新设计以降低甚至消除故障，要么扩大维修网络规模。公司选择了后一种方案。他们招募了更多维修工，并从维修服务中获利。但是这样一来，产品设计和生产部门再也不愿提高复印机的质量，因为这样做反而会减少维修服务部的工作量和利润。

　　投诉依然很多，用户的抱怨越发频繁。竞争者们发觉这是个千载难逢的机会，他们大力开发新产品并迅速打入市场，并在销售过程中向顾客郑重承诺：保证产品零故障，如果真的出现意外故障，公司保证换新并赔偿，无须维修。这个承诺一公布，新产品立即夺走了复印机市场的大部分份额。

　　由此可见，顾客十分看重产品零故障。产品零故障是最好的服务体现。一个准备长远发展的公司应当将这个理念深入各个部门及领域。对销售人员来说，要全面了解自己所推销的产品，确保产品没有质量问题才能在推销产品时，向顾客作出产品零故障的承诺。如果产品质量存在问题，就不能作出这样的承诺。因为一旦在使用过程中事故频发，顾客定会认为受到了商家的欺骗，从而对商家失去信任。

在保证产品质量没有问题的情况下，大胆向顾客承诺产品零故障，顾客就会增强对产品的信心，从而放心购买，并且会口口相传。这样一来，顾客就会越来越多。

产品零故障服务不属于售后服务范畴，它侧重产品的高质量设计，更能体现"顾客至上"的服务精神，同时能增强顾客对产品的安全感以及对商家和销售人员的信任。因此，销售人员要大胆利用这一承诺对顾客的吸引作用，让顾客充满安全感地购物。当然，这样做的重要前提之一是确保产品质量过关。

对产品功能进行现场演示

俗话说,"耳听为虚,眼见为实",很多时候,即使推销人员将产品和服务说得天花乱坠,顾客也不为所动。作为销售人员,要理解顾客的这种心理。你说得再好,也毕竟是你的一面之词,顾客不可能全信。在这种情况下,只能依靠产品来打动顾客,提高自己的说服力。

那么,如何依靠产品呢?最有效的方法是当着顾客的面对所售产品的功能进行现场演示。相比语言推销,实物功能演示更生动、更直观,信息含量更大,更受顾客的喜爱和信赖,因此其本身的引导作用更大。看下面两个事例:

一位销售消防用品的销售人员去见一位准客户。见到客户后,他没有急于说话,而是从自己的物品袋里拿出防火产品,然后将其放入一个纸袋里,再用火将纸袋点燃。纸袋很快燃烧起来,并很快燃烧殆尽,可里面的防火产品完好无损。

客户一下子被吸引住了,简单交谈过后,就签了订单。

第四章
打消顾客的消费心理顾虑

一家铸砂厂的销售员带着公司新生产的产品去拜访一位老客户。在老客户的办公室里，这名销售员与老客户进行简单寒暄后，从包里拿出两块厚纸板，将它们在办公室地上并排铺好。接着，他又从自己的包里取出一袋砂，并将这袋砂摔在其中一张厚纸板上。顿时，办公室内腾起呛人的灰尘。那位老客户有些生气，刚要说什么，只见这名销售员不慌不忙地说："您先别急，听我说。刚才那袋砂是目前贵公司正在使用的，是我从你们的使用现场取来的。您现在再看看我们的新产品。"

说完，这名销售员从包里取出一袋砂，又用力摔在另一块厚纸板上。意外的是，这次没有腾起灰尘。销售员接着问道："这两种砂，您认为哪种更好呢？"

不用听答案，情形很明了了。老客户自然明白了销售人员的意思，他二话没说，立刻向这名销售员订购了一批新砂。

可见，这种让产品帮自己"说话"的方式要远超过销售员滔滔不绝地介绍产品，即便销售员讲得绘声绘色、头头是道。

顾客的购买欲望容易被这种直观的方式所吸引。因为这种方式更能让他们信赖，毕竟"耳听为虚，眼见为实"。自己亲眼所见的产品效果，能给予顾客更真实的感受，自然比听别人说更让人放心。如果销售人员在现场演示时，再配以专业化的语言进行引导，效果会更好。

另外，演示时如果能让顾客参与进来，也会强化演示的效果，让顾客对产品更放心。例如，一位推销胶水的推销员让顾客帮忙在一页纸的一端涂上胶水，并将其粘在一本厚厚的书上，然后让

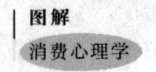

顾客用这页纸把书提起来。

现场演示会更取信消费者

通过这种方式，销售人员向顾客展示了胶水的黏合力。显然，这样的示范很有说服力。当然，如果让顾客参与示范，销售人员也要做好精心准备，因为教别人使用某种产品与自己使用是截然不同的。这种示范所产生的引导作用要比纯靠语言的引导强得多。一般来说，如果一次示范成功，顾客就会在很大程度上认可这种产品，从而取得推销的成功。

这种对所售产品功能的演示，还可以以幻灯片、网络视频为媒介，如把演示直接放到网上，这样可以使产品的信息传播得更广泛。还可以把演示分为几个片段，供不同的顾客群使用，这样演示既有很强的针对性，又有一定的适用性。

在运用演示法时，销售人员要注意处理以下四个方面的事情：

（1）演示之前一定要设计好、排练好演示的流程和动作。专业娴熟的演示会唤起顾客的好奇心，引起顾客的注意，同时可增强顾客的购买信心。

（2）演示时一定要注意突出产品的主要性能。顾客购买产品，主要是购买产品的使用性能，因此突出展示产品的性能优点是演示的核心。

（3）想办法让顾客参与进来。让顾客参与到演示中来，会提高顾客对产品的认同感和信任感。毕竟，无论销售人员多么优秀，顾客还是更相信自己的实践。

（4）演示的动作和说明的内容要真实。这一要求是从长远来考虑的，是为争取顾客的长久支持所做的一项投资。因此，从公司和个人的长远发展来看，这一点不容忽视。

总之，如果不想因使用那些双方都听惯了的推销语言而使推销现场气氛沉闷，现场演示是一种很不错的选择。运用得当，演示的效果必然要远超只用语言来推销的方式，会对销售产生强大的引导作用。

给消费者留出议价空间

讨价还价几乎是所有消费者在消费过程中会有的行为,如果一个商家在门口挂着"谢绝议价"的标志,相信很多顾客会因此而止步。因为在市场经济条件下,讨价还价已经是一种非常常见的行为。如果一件产品标价 680 元,而顾客经过还价最终以 360 元的价格买下这件产品,他(她)会感到非常高兴。无论这件产品的价值是不是 360 元,只要经过了自己的努力,以这个价格得到了,就会非常开心。

如果商家给出了 360 元的价格,却拒绝议价,顾客很可能不会购买这件产品,即使这件产品确实在降价出售,顾客也多半不会购买,他们会认为商家没有人情味,原本打算购买的想法也会打消。

鉴于顾客有这样的心理,作为一名销售人员,在给顾客报价时,一定要给对方留下可以议价的空间,让他们享受讨价还价的过程,这样最后成交的概率会大大提升。

第四章
打消顾客的消费心理顾虑

一个女孩在一家服装店看上了一条非常漂亮的裙子,想买下来。但是最后在谈价格时,商家却坚决不让步。这条裙子标价290元,女孩表示希望再优惠一些,可是商家的回答让她不想在这儿买任何东西了。商家说:"没看见我们门口写的字吗——谢绝议价。如果你不能接受这个价格,那就别买了。"

显然,商家导购的话让女孩很生气。女孩很喜欢那条裙子,如果商家肯便宜几十元,女孩会立即付钱。但是没想到商家拒绝还价,而且服务态度还不好,于是,女孩当即离开了。

女孩在另外一家店又看到了同样的裙子,商家的标价也是290元。女孩还没开口,商家就笑盈盈地对她说:"美女,喜欢的话,可以先试试,如果穿着好看,我们会有优惠。"这话让女孩刚才的不愉快顿时消散了,她高兴地试穿了那条裙子。试穿的效果让女孩很满意,于是女孩让商家优惠一些。导购笑着说:"其实这条裙子也没多大利润,但是看你穿着这么合适,想要特意去找这样的模特还找不来呢,你穿着就相当于给我们店的服装做宣传了。这样吧,给你打九折,可以吧?"

女孩还是觉得价格高,于是说:"这个价格实在超出了我的心理承受范围,再优惠一些吧,给我一个最优惠的价格,以后我会常来光顾的。"商家看出了女孩真心想买,又说:"你这个小姑娘,怎么就让我不忍心拒绝呢?给你一个我们店VIP顾客才能享受的折扣吧,八折。这个价格可是最低了,不能再砍价了。"

女孩一听,爽快地将这条心仪的裙子买下了。

这个事例告诉销售人员一个道理:很多顾客并不喜欢一口价。

哪怕你给出的价格确实很便宜,也不如给他们一个讨价还价的空间,以便满足他们喜欢砍价的心理。通常情况下,顾客往往不相信销售人员第一次给出的价格就是最低价格。所以,如果你不给他们留有议价的余地,他们便不会心甘情愿地购买。

讨价还价是顾客的一种习惯心理

另外,销售人员要注意,虽然报价往往高于自己的最优价格,但是也不可以漫天要价,防止吓到对方,让对方"知难而退",甚至直接放弃。如果真是这样,报价就毫无意义了。

报价的时候,一定要让顾客感觉到这个价格是可以商量的。当顾客领悟到有"砍价机会"的时候,便能够以一种期待的心态来进行交谈,销售人员便可以趁机摸清顾客的价格底线。销售人员可以这样与顾客沟通:"刚才听了您的具体需求,我认为在价格上是可以为您作出一定调整的。当然,您也为我们考虑一下,我们的各种成本也是很高的……"

这样的话语会让对方感觉到其中还有商量的余地,通常会将价格往低处压。这时,销售人员可以给出一个具体的心理底线,比如:"虽然我们可以在价格上商议,但是我们所能够接受的最低价格是……"显然,这个最低价格还是高于最优价格的。经过这样的讨价还价,顾客可能会想:"虽然感觉这个价格还是有些高,但这是让步后的价格了。"如果顾客有了这样的想法,那么他(她)就有可能接受后面的这个价格了,由此交易也就可能达成。

作为销售人员要时刻记住,有些顾客在乎的不是产品的价格高低,而是他们想通过和你讨价还价获得一种成就感。所以,一个优秀的销售员不仅要有丰富的专业知识,还要懂得并善用顾客的一些心理,以促成交易达成。

利用环境促使消费者下决心

一名心理学家做过这样一个实验:

心理学家让10个人穿过一个黑暗的房间,在他的引导下,这10个人都成功地穿过去了。随后,心理学家打开房内的一盏灯。在昏黄的灯光下,大家都惊出一身冷汗。原来,地面是一个大水池,水池里有十几条大鳄鱼。水池上方搭着一座窄窄的小木桥,刚才实验者就是从小木桥上走过去的。

这时,心理学家问:"现在,你们还有谁愿意再来一次呢?"结果没有人敢站出来再走一次。过了一会儿,有两个胆子比较大的人站了出来小心翼翼地走上窄窄的小木桥,速度比第一次慢了许多,而且极为小心,生怕摔下去,终于安全地走到了尽头,两个人都满头大汗,心脏怦怦乱跳。

后来,心理学家又打开房间的几盏灯。人们看见小木桥下方装有一张安全网,由于网线颜色极浅,他们刚才并未看见。"现在你们谁愿意通过这座小桥呢?"心理学家问道。

这次站出来的人比上次多了一些,有6个人愿意再走一次。

毕竟有安全网保护，危险性就降低了很多，即使掉下去也不会有什么大事。虽然实验者还是比较谨慎，但速度快了很多，一会儿就都顺利地通过了小木桥。

最后还剩下两个人没有站出来，心理学家问："你们为何不愿意呢？"此时，两个人异口同声地问道："这张安全网结实吗？"这时，心理学家笑了笑，然后把房间里所有的灯都打开了。光线更足更亮，大家这才发现，原来水池里的大鳄鱼只是模型而已，并非真的鳄鱼。

这个实验说明了什么？它说明了环境对人的心理能够起到巨大的影响和作用。换个角度看，这也表明可以借助环境的力量给他人施加影响，进而左右其行为，使形势变得对自己有利。在销售过程中，有时候仅靠苦口婆心地劝说，并不能起到很大作用，不妨借助环境的影响力来推进交易。

比如，我们可以利用身边的物品为自己的人品加分。我们都知道，记者是职业的观察家，他们会记录下观察到的一切。但你千万不要以为其他人没有观察或者观察得不够仔细。事实上，在任何时间和地点，人们都睁大眼睛，仔细打量着别人身边大大小小的物品，将每一个细节都看在眼里。人们会根据这些物品所释放的信号，建立起或者进一步丰富对物品主人的印象。

例如，世界上最伟大的推销员乔·吉拉德在他办公室的墙上挂满了获得的各种奖章和某些重要人士的合影，还摆放了一些登载着自己事迹的报纸、杂志。这些"广告"有力地为他自己以及他的产品做了最好的证明，无形中对消费者产生了一种作用力，

"迫使"消费者产生信赖感,帮助乔·吉拉德顺利地推销出自己的产品。

商家要学会利用环境为自己加分

对商家来说,当消费者对产品的质量表示怀疑时,很多东西是你可以利用的道具,你可以让这些有力的"证据"来为你的产品助威。

例如,某品牌手表的销售人员,每次有消费者光临,他都会绘声绘色地描述手表质量的优质和性能的良好。虽然他口才极佳,把手表的功能说得神乎其神，但消费者反而更加怀疑，最多只是看看，真正购买的寥寥无几。

这个销售人员觉得这样下去不行，经过分析，他认为消费者不购买的主要原因是不相信商品的质量。

那么，如何让消费者相信自己商品的质量呢？这名销售人员想出一个办法。他买来一个鱼缸摆在柜台上，把售卖的两只手表放进鱼缸，很快消费者被吸引过来。这时，销售人员开始讲解手表的防水防震功能，并把手表从水里捞出来让消费者传看。在递给消费者传看时，他故意没抓牢，手表掉在地上。消费者吓了一跳，赶紧捡起来查看，手表毫发无损。当消费者把手表还给销售人员时，销售人员竟又使劲儿把手表摔在地上，捡起来后，手表依然完好无损。这下，消费者都相信手表的质量了。此时，销售人员又拿出手表的质量证书以及专家推荐，并声明现在是推广期，限量销售，卖完了就没了。结果可想而知，消费者纷纷抢购他的手表。

这个销售人员之所以取得了成功，就是因为他成功制造了一种有利于销售的环境和氛围，使消费者产生很大的好奇心和信赖感，并促使他们立即采取行动进行购买。

"君子生非异也，善假于物也"，在销售中，销售人员要学会善于利用环境，给自己制造气势，消除消费者的疑虑，获得消费者的信赖，最终征服消费者。

当然，在利用环境的威慑力时，也要讲究技巧，如果让消费者感受到你在强迫他消费时，就肯定得不到预想的结果了。

识别成交的三种心理信号

对于销售人员来说,进入成交期就意味着进入了公关的关键时刻。如果这一时期进展顺利,那么交易便会水到渠成;但如果不顺利,交易可能就会半途而废,前期的一切努力都将付诸东流。销售人员自然不愿意看到自己的努力白费,所以在成交期要更加谨慎、更加努力。

有经验的销售人员都非常清楚,在成交期,一些成交时机总是若隐若现,难以把握。如果能够把握住这些难得的机会,就极有可能促成交易。

心理学上有一个名词叫"心理上的适当瞬间",这个心理学名词在销售行业被赋予了特定含义,即指顾客与销售人员在思想上完全达到一致的时机。也就是说,在某些瞬间,买卖双方的思想是协调一致的,此时是成交的最好时机。若销售人员不能在这一特定瞬间推进交易,成交的希望就会落空,再次成交的希望也会变得渺茫。

在销售中,对"心理上的适当瞬间"的把握至关重要。把握不适当,过早或过晚都会影响交易。所以,优秀的销售员都非常注重对"心理上的适当瞬间"的把握。

"心理上的适当瞬间"并非空穴来风，它的到来常常伴随着许多有特征的变化与信号。善于警觉并感知他人态度变化的销售人员能及时根据这些变化与信号来判断"火候"与"时机"。一般情况下，顾客的购买兴趣是"逐渐升温"的，且在购买时机成熟时，顾客的心理活动趋向明朗化，并通过各种方式表露出来，也就是向销售者发出各种成交的信号。

成交信号是顾客通过语言、行动、情感表露出来的购买意图信息。有些是有意表示的，有些则是无意流露的，后者更需要销售人员细心观察。

通常情况下，顾客的成交信号可分为语言信号、表情信号和行动信号三种。对于这三种成交信号，销售人员一定要及时识别，并充分利用，以促成交易。

（1）语言信号的识别

当相当一部分顾客有购买意向时，从其语言中可以得到判定。例如，当顾客说："有现货吗？"这就是一种有意表现出来的真正感兴趣的迹象，表明成交的时机已到。再如，顾客询问具体价格，这也是一种想成交的预兆，因为询问价格往往说明有意购买，而商讨价格时，更说明已经做好了成交的准备。

语言信号的种类很多，有表示欣赏的，有表示询问的，也有表示反对意见的。应当注意的是，反对意见比较复杂，反对意见中，有些是成交的信号，有些则不是，必须具体情况具体分析，既不能都看成成交信号，也不能对此无动于衷。

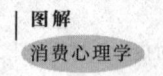

（2）表情信号的识别

有些时候，顾客的表情可以透露出他们的购买意向。眼睛注视、嘴角微翘或点头赞许都是顾客心理感受的表露，通常可以视为成交信号。从明显的行为上，也常常可以判断出是急于购买，还是抵制购买。

通过表情洞悉顾客心理

有戏，不要错过机会！

及时发现、理解和利用顾客表露的成交信号并非十分困难，其中大部分可凭借常识解决。具体做法：一是靠细心观察与体验，二是靠销售人员的积极诱导。当成交信号发出时，应及时捕捉并迅速提出成交建议。

（3）行为信号的识别

行为信号是顾客在形体语言方面提供的线索。这些信号会告知销售人员，他们在心里已做好购买决定。有时，购买信号是突然出现的，销售人员务必细致观察顾客。当顾客发出购买信号、表现出购买意愿时，销售人员不应再谈论产品，而应准备进入下一个步骤。

细致观察顾客行为，并根据其变化趋势采取相应策略和技巧加以引导，在成交阶段至关重要。若销售人员已将自己的想法以简单有效的方式表达出来，且详细阐述了产品的优点与便利之处，也了解了顾客的接受程度，那么当顾客表现出有购买意向的行为（如不断点头认可）时，就应及时采取下一步措施，推动交易成交。

如果成功捕捉到顾客的购买信号并给出合理对策，就会缩短销售时间。因为在合适的时间（顾客心理上作出决定之时）要求顾客购买产品，顾客会更容易付诸行动，从而节省很多时间。

第五章

培养顾客的消费心理忠诚

——好服务比好产品更能黏住顾客

商家仅依靠产品的质量已不足以确保长期的竞争优势,此时,贴心到位的好服务就显得非常重要了。一定程度上,在产品的质量和功能相差无几的情况下,谁提供的服务更完善、更周全、更人性化,谁就能在消费者心目中占有更优势的地位。

销售够专业，顾客才够忠诚

消费者最希望销售人员能够提供有关产品的全套知识与信息，让他们全面了解产品的特征与效用。倘若销售人员一问三不知，或者回答得不够专业，就很难在消费者中建立信任感。可口可乐公司询问过几个较大的客户，请他们列出优秀销售人员最突出的特质。他们得到的最多的回答是："具有完备的产品知识。"

从这个意义上来说，消费者的忠诚度与销售人员的专业程度成正比。每个销售人员都应该是顶级的产品专家，因为销售人员只有具备专业的产品知识，才能准确无误地回答消费者提出的关于产品的任何问题，才能信心十足地向消费者展示自己的产品。因此，对销售人员来说，只有足够专业，顾客才会足够忠诚。

那么销售人员怎样才能成为专家，对自己所从事的工作达到专业化呢？

1. 具备新知识优势

在现代商业社会中，有一种东西比金钱更重要，那就是知识。对一个专业的推销人员来说，任何"产品更新速度快""公司培训跟不上"等借口都不应该阻碍其去掌握所销售产品的相关知识。

实际上，任何工作都一样，只有努力钻研和学习，才能掌握比他人更多的知识，工作才能更出色。

克丽斯汀·马丁蒂尔靠着几万美元的现金和一部电话开办了自己的公司。她向全美各家花店出售进口鲜切花。鲜切花的批发生意在美国的竞争异常激烈和残酷，客户穿梭于各供货公司，货比三家，寻找最低价格。克丽斯汀在帮助那些进货花店建立起他们自己的事业的同时，也为自己的公司——"迈阿密才智"——建立了一个忠实的客户群。

为了建立客户群，克丽斯汀寻求 IM 国际公司的帮助。IM 国际公司是一家预测两年后设计师使用色彩趋势的公司。克丽斯汀动身前往意大利和哥伦比亚等国，去说服花农按所预测的"流行"色彩种植鲜花。两年后，当这些花卉运抵美国时，克丽斯汀又将它们重新包装，以确保花店收到最佳的鲜花。

结果，"设计师色彩"的鲜花大获成功。当竞争对手在展开残酷的价格战时，克丽斯汀已经在市场上站稳了脚跟，拥有了庞大的客户群体。

当人们让她谈谈成功的原因时，克丽斯汀说："我意识到我所处的是一个竞争激烈的行业。如果我能得到某个小小的有利条件使我具有优势，我就会有成功的机会，而 IM 国际公司所提供的信息恰好使我具有了这样的优势。"

可见，让自己的专业知识更加出色，事业也会拥有更突出的优势。今天的知识创造着明天的财富。成为你所选定的任何学科方面的"万事通",将给你带来灿烂的未来。

2. 结合诉求点说服

销售人员要能够有效地说服消费者,除了要具备完备的产品知识,还需要明确说明的重点,即产品的诉求点。因为很多时候消费者并不太关心产品的生产原理,他们最关心的是拥有这些产品有什么好处,这个东西对他们有哪些用处,能解决什么问题。

因此,进入销售行业的人要记住:所有的一切仅围绕一个原则,那就是消费者需要什么样的产品。消费者一般不会因为一时兴起而去购买对自己"没用"的产品,只有懂得满足客户实际需求的销售人员才能抓住消费者的心。

抓住客户的诉求是销售的关键

文鑫大学毕业后进入一家采用纳米技术制作产品的公司,他每天都辛辛苦苦地研究产品原理介绍,就怕客户到时候左一个"纳米材料特性"右一个"产品功效原理"地问他。

有一次,他带着样品上门去推销,尽管他说得口干舌燥,可是没一个人相信他。客户说自己根本就不相信纳米技术的效果,认为它和一些保健品一样,没有实际效果,最多是给人心理安慰。

这该怎么办?如果再一味地讲那些专业术语,估计客户仍听不懂,即使听懂了也不感兴趣。想到这里,文鑫灵机一动,从口袋里掏出一盒烟。本来客户都没什么兴趣了,见他掏出烟,马上说:"对不起,我们办公室不能吸烟。"

其实,文鑫要的就是引起客户的注意。他没有说话,把烟盒里剩下的几支烟倒出来,拆开烟盒,递给客户,让他闻一下。客户不理解,但还是闻了闻,然后问他什么意思,烟味这么呛人,闻它干什么。听客户这么一说,文鑫打开自己推销的产品——一款纳米空气净化器,把烟盒附在上面几分钟后,让客户再闻烟盒。客户一闻,烟盒上没有一点儿烟味了。

就在客户将信将疑的时候,文鑫又说:"我这不是玩魔术表演,国家最权威机构的检测证书在这里。"说着,他拿出了检测证书,客户终于心服口服了。

可见,仅机械地了解产品知识还远远不够,如果无法将产品特点与消费者的需求联系起来,仍会导致销售失败。

作为销售人员,你所做的一切最终目的是说服消费者购买你的产品或服务。但是,如果你的努力不能满足消费者的需求,他又怎么会同意让你把他辛苦挣来的钱"掏走"呢？

因此，销售人员在掌握了一定专业知识后，应将销售工作的重点放在解决消费者的需求上，多利用符合消费者诉求的产品功能来引导消费者，这样才能增加消费者购买的可能性。而有效、确切的诉求重点往往来自平时对各项信息的收集整理以及与消费者的多次交流沟通。所以，要多总结自己的销售心得，多了解消费者的意见、心理需求和异议等。

在具体操作中，销售人员往往会因消费者的表面态度而受挫。要知道，世界上没有永远的拒绝，也没有绝对最好的产品。不要认为你的产品和竞争对手的产品在功能上无法相比。其实，你的产品的价格、适应性，你的服务以及你自身，都能够为消费者提供合适且合算的理由。

总而言之，销售人员需要充分了解自己的产品及服务，并且能够娴熟地运用它们来吸引消费者的注意、满足消费者的需求，只有这样才能提高销售业绩，二者缺一不可。

消费者的感受比商品本身更重要

消费者掏钱买的固然是产品、是服务，但同时买的也是心情。让消费者得到应有的关怀、体贴和愉悦感，有时候远远要比产品质量和销售人员的专业水平更能打动他们的心。

看似无关紧要的闲聊却往往必不可少

闲聊的"闲"字，总能让人联想到"无关紧要"，因此大家很自然地认为闲聊也是无关紧要的。但许多事实证明，闲聊是一种重要的沟通方式。

从社会心理学的角度看，人们往往会根据闲聊的内容、是否喜欢闲聊，或怎样与人闲聊，来判断人的性情。善于闲聊的人会让人觉得亲切随和，而不善于闲聊的人常被冠以"清高"之名，使人感到难以接近。因此，闲聊这种看似琐碎的细节，是决定交际成败的关键。而且，闲聊可以保持沟通过程的有效性。闲聊中的表情、动作以及姿势都能传递一些心理信息给对方，让对方觉得你是一个亲切与可信赖的人。

此外，闲聊对谈判等"正经事"也具有微妙的促进作用。一些有经验的谈话者在正式进入谈话主题前，总会谈些与主题无关的"题外话",如谈谈天气、拉拉家常、讲讲趣闻等。一些社交高手,如政治家、新闻记者,都善于利用这种方式来拉近与对方的距离。

同样,销售人员也可将这种技巧应用到自己的商务需求中。事实上,在商业谈判中,真正成功的商业谈判的前提正是闲聊中的各自满足,这样才会有进一步利益上的合作。通过闲聊,可以使相互不认识、不了解的双方,为达成一个共同的目标作铺垫。

不过,在这个过程中,所谓的"闲",不是空洞的,而是有针对性、有目的地去引导对方,达到获取所需信息的真正目的。

投其所好,把话说到消费者心坎儿上

在销售过程中,绝大多数销售人员都碰到过这样的情况:自己已经使出浑身解数向消费者推销产品,却还是费力不讨好;而那些和消费者说说笑笑,对产品只是只言片语一带而过的推销员却能够成功地征服消费者。这是为什么呢?

其实,其中的关键就在于能否投其所好地把话说到消费者的心坎儿上。美国名人戴尔·卡耐基说过:"一个人的成功,约有15%取决于知识和技术,85%取决于与人的交流和沟通。"可见语言表达能力的重要性。尤其是对于"靠嘴吃饭"的销售人员来说,把话说到消费者的心坎儿上,就等于推销成功了一大半。

刚开始接触的时候,很多消费者会不自觉地对推销人员感到很厌烦,不过,当销售人员巧妙地聊起消费者感兴趣的话题之后,就可以消除双方之间的陌生感,拉近彼此的距离,赢得进一步交流的机会,并最终促成交易。为此,销售人员要把精力放到与消

费者的沟通上,要千方百计地把话说到对方的心坎儿上,这样投其所好,自然会有助于销售工作向前推进。

人性化销售更能打动消费者的心

随着社会的进步和消费者认识水平的提高,他们所要求的不仅是一个产品,更重要的是一种人性化的服务。因此,销售人员在销售过程中应努力让消费者得到应有的关怀、体贴和愉悦,这些付出有时候比产品质量更能打动消费者。毕竟商品只是一种冰冷的东西,没有销售人员人性化服务的温暖,商品的价值是很有限的。

为此,销售人员要对消费者多些关怀。关怀是一种发自内心的真挚感情,情感的力量是强大的,有时候比商品本身、商业项目、交易规模都重要。多一些关怀就能体现出销售人员的人性化,就能维系销售人员与消费者之间的感情。

对消费者来说,销售人员的一声问候、一句关心,能给人一种亲切感,使其感觉对方就像自己的"亲人"一样,形如"一家人",这无形中增进了销售人员与消费者之间的感情。一旦消费者认定对方是真正关心他,真心为自己考虑,就会主动忽略一些瑕疵或其他细节,从而使交易易于达成。

总之,要记住:消费者购买的不仅是产品,还有销售人员的服务态度和精神。坚持践行这种人性化销售理念,一定可以获得巨大成功。

永远站在消费者的立场

很多销售人员听过这样一句商业名言:"以盈利为唯一目标。"

于是，在这一原则的指导下，为了使自己获得更多的利益，销售人员总是不顾消费者的正当利益，诱导消费者购买一些质量差但价格高的商品，或者是卖完之后就感觉事情已经与自己无关，对消费者在使用过程中出现的问题敷衍塞责……

这样做的结果可能使销售人员在短时间内获得大的收益，但是从长远来看，对销售人员的发展却是极为不利的。因为如果消费者的利益受到损害，无疑将会降低他们对销售人员的信任，长此以往，大量的消费者流失也就是必然的了。

相反，在销售过程中，如果销售人员能够将消费者所面临的问题当作自己的问题来解决，而不是"一锤子买卖"，无疑将增进彼此之间的信任，这样，销售人员同消费者之间的关系也将更加稳固，合作才会更加长久。

消费者需要的是关心和重视。销售人员若能以消费者利益为先，悉心地为其提供周到的服务和帮助，替他们解决问题和困难，消费者才会意识到你是在帮助他，而非从他口袋里掏钱，继而降低心理防线，放心地接受你。

销售人员与消费者之间的关系不是对立的，也不是此消彼长的，而应该是互利的。销售人员要学会像对待朋友那样对待自己的消费者，要亲切友好，不斤斤计较，让对方知道你真诚的合作愿望，这样会让消费者在心理上得到极大的满足感，会认为与你合作非常放心，并与你保持长期合作的状态。

真正的销售从售后开始

在现实生活中,销售人员普遍存在这样一种想法:认为已交易成功的消费者已经和自己在做生意了,并不需要再跟进,即便要跟进也是售后部门的事,和自己关系不大;或者认为消费者再次订货时再跟进也不迟。而且,停止继续服务还可以腾出更多时间去发现、去争取新的消费者。

但是,事实并非如此。由于销售人员对已开发的消费者跟进不及时,会大大影响消费者的忠诚度,从而在激烈的竞争中出现不断开发消费者又不断失去消费者的危险情况。同时,销售实践证明,稳定一个消费者所需的费用是开发一个新消费者费用的1/10,所需投入的精力也只有开发新消费者的1/10。通过服务性跟进不但能稳定消费者,还会通过他们的口碑宣传和介绍产品,带来更多的新消费者。这也是许多销售人员越做销量越大、消费者越多的秘密所在,同时,也是许多销售人员业绩一直没有起色的主要原因。

从这个角度来看,真正的销售活动是在售出商品后才开始的。这一定义看似故弄玄虚,实则是至理名言,因为只有让消费者重复购买的销售行为,才是长久的,也才算是成功的销售。而要赢得消费者的这份忠诚,绝不是靠一次购买行为就能实现的。要想建立长久的合作关系,就需要用长期而优质的服务将消费者团团围住,这样,消费者才愿意一次又一次地光顾你的生意。更重要的是,他们乐意介绍别的消费者给你,这也是心理学中所谓的"滚雪球效应"。成功的推销生涯正是建立在这一基础上的。

客户的介绍是销售业绩提升的重要途径

> 听说你家要装修,我给你介绍我家上次用的装修公司,他们服务非常好,从用料到施工都有专人跟进……

在具体操作中,优秀的销售人员提供了这样一些建议:

1. 与消费者保持联系

与消费者保持联系,能够加深销售人员在消费者心中的印象,持续影响消费者未来的购买行为。当消费者自身需要再次购买，或者其身边的亲人需要购买销售人员所售产品时，自然而然就会首先想到与之关系融洽的销售人员。

"如果不与你的顾客保持联系，你就不可能为其提供优质服务。"这是销售大王乔·坎多尔弗在其推销生涯中自始至终牢记的一个重要信条，可以说这也是他销售成功的关键所在。他说："有个好主意可使你在售后继续提供优质服务，并提高再次交易的可能性，这个好主意就是在成交后给对方写上几句话，或是打个电话。"

他是怎样写的呢？我们择一例来看看：

亲爱的约翰：

恭贺您今天下午作出决策，加入人寿保险，这当然是建立良好的长远理财计划的重要一步。我希望我们的会见是我们长期友好关系的开端，再次对您的信任表示感谢，并祝您万事如意！

您忠诚的朋友

乔·坎多尔弗

现在发达的通信方式让人与人之间的联系变得越来越便捷。销售人员与消费者保持长期联系的方式也由此有了很多选择，如打电话、发电子邮件、发手机短信、微信聊天、邮寄礼品等，都可以让消费者感受到销售人员的关怀，这样有利于维持双方持久的关系。

2. 及时周到的售后服务

销售前的奉承远不如售后及时而周到的服务,这是创造永久客户的不二法门。

中国台湾著名实业家王永庆就深谙此道。在创业初期,王永庆开过一家米店。与其他米店不同的是,他总是先将米中的杂物拣干净再出售,并且为消费者免费送米上门,再加上经营灵活,所以很受消费者喜爱。他有一个小本子,上面记着许多消费者的情况,如家里几口人、上次送米的时间、大概何时能吃完、消费者什么时候发薪水等。如果消费者手头不方便,他会先把米送过去,等他们发薪水的时候再去收钱。另外,送米的时候,他不是送到就完事了,他会替消费者把米倒进米缸里。如果里面还有旧米,他就先把旧米倒出来,把米缸刷干净,再把新米倒进去,然后把旧米放在上面。正是因为他及时周到的服务,赢得了越来越多的消费者,生意也越做越红火。

可见,我们必须正视这样一个事实:服务质量是区分一家公司与另一家公司、这位推销人员与那位推销人员、这件产品与那件产品的重要因素。在高度竞争的市场经济体制下,没有一种产品会远远超过竞争对手,但是,优质服务可以区分两家企业和两名销售人员。一旦你真真切切地为消费者提供了优质服务,你就比你的竞争对手更具优势,你就会脱颖而出。

总而言之,作为销售人员,必须记住:用心服务、用心服务、再用心服务。这话听起来是如此简单——确实也很简单。做到"几十年如一日"的优质服务并不是什么复杂困难的事,但它确实需要一种持之以恒的自律精神。

用承诺消除顾客心理疑虑

在购买过程中，有些顾客表现出对购买的疑虑，多半是因为害怕承担购买产品或服务的风险。如果销售人员能提供一份可靠的承诺，使顾客的购买行为变得毫无风险，或者至少能够最大限度地降低风险，就会大大消除顾客的这种疑虑，从而促使交易达成。

当然，提供任何产品和服务都是有风险的，这一点无论是销售人员还是消费者都很清楚。但是，销售人员通过有技巧地陈述和宣传产品以及相关服务，就会大大提高潜在顾客的信任度，增强他们购买的意愿，并最终提升交易成功率。

销售人员李阳向某公司推销软件系统。在与该公司负责人商谈时，他适当地运用了承诺策略，结果成功签下一笔大订单。

这家公司的软件系统时常出现故障，严重影响了公司的工作效率。经过研究，该公司决定投入大量资金，全面更新公司的软件系统。

李阳得知这个消息后，前来洽谈这笔生意。经过努力，该公司相关负责人对李阳推销的软件系统有了一定意向。但是，鉴于以前购买的软件系统质量不高，负责人有些担忧，迟迟不肯签单，希望能找到质量和性能更可靠、价格更优惠的软件系统。

面对这种情况，李阳向这位负责人保证："如果贵公司采用我们的软件，我们不但会派专人免费安装，而且软件运行过程中出现问题，我们保证在12小时内修复，若修不好，我们包赔一切损失……"

这位负责人看到李阳如此自信坚定，思考了一会儿，说："好，那就试试吧！"

于是，李阳顺利地与该公司达成了这笔交易。

在销售过程中，每当顾客遇到的产品单价过高、总额比较大、风险比较大、对产品并不是十分了解、对其特性和质量也没有把握时，产生心理障碍或成交时犹豫不决的现象是非常正常的。对此，销售人员应该及时向顾客作出可靠的承诺，以增强顾客的信心，促使顾客签单。

在上面的实例中，那家公司要更换软件系统，由于数额较大，而且对软件的信心不足，因此该公司负责人在签单前显得犹豫不决。此时，销售人员如果不能进一步地承诺，作出坚决的保证，恐怕订单就拿不到手。

可靠的承诺会有效降低顾客的担忧

向顾客承诺的最大优点就在于能够增强说服力，尤其是当销售人员信誓旦旦地保证或者承诺顾客可以实现什么利益或远景期望时，顾客往往会降低担忧，下决心购买。但是，销售人员在使用这种方法时，也需要注意一些问题。

1. 承诺必须依据能力来进行

这一点至关重要。例如，一个手机销售员向顾客承诺，购买这款手机1个月内出现任何问题，都会给予10倍价格的赔偿，这肯定无法取信于人。事实是承诺的基础，这里的事实既包括顾客所需要承诺的事实，又涵盖产品本身以及企业本身的事实。销售人员切不可作出无法兑现的承诺，否则就是欺骗消费者，毫无信誉可言。在这种情况下，销售人员若想利用承诺的方法促成订单，不仅无法促使顾客迅速签单，反而会引发顾客的不信任。

2. 要把准顾客的成交心理障碍

在销售过程中，销售人员只有看准顾客的成交心理障碍，针对顾客所担心的几个主要问题作出相关承诺并提供保证，才能够有效消除顾客的后顾之忧，增强顾客成交的信心，促使顾客下决心签单。否则，如果不清楚顾客的成交心理障碍所在，就很容易作出不利于自身的承诺。

有一个销售人员向顾客推销产品。顾客慢条斯理地将该销售人员承诺的优惠条件重复了一遍。销售人员误以为对方仍未下决心购买产品，于是进一步承诺将产品的服务保修期延长到10年，顾客不动声色地接受了这一保证。

实际上，这个销售员没有准确把握顾客的心理，自作聪明，错将顾客的习惯行为当作了异议，结果作出了不利于自己产品的承诺，大大增加了销售成本，也给后续销售和服务带来了不少麻烦。

即使销售人员有实现承诺的能力，过度的承诺仍然会使自己或商家承担过于繁重的义务，不利于以后销售和售后工作的开展。因此，销售人员在利用这种方法说服顾客签单时，一定不能过度承诺，而要有理、有利、有节地作出承诺。

通过售后服务把顾客争取过来

很多销售人员急功近利,将目光聚焦在眼前的交易上。为促使顾客购买他们所销售的产品,不惜作出各种承诺。这些承诺大多属于售后部分,无须立刻兑现,这便给了他们可乘之机。在他们看来,以后的服务如何是售后部门的事,与自己无关。于是,他们大肆利用这样的机会,向顾客作出一系列保证。不仅如此,他们甚至不惜采取撒谎的方式来应付顾客,这无疑是在与顾客做"一锤子买卖"。

显然,这种行为是不正确的,存在很大弊端,销售人员应明白,顾客在购买商品时,很多时候往往是因为销售人员作出的某项保证才作出购买决定的,也就是说,销售人员的承诺是顾客购买行为的关键因素。当顾客付费后,他们虽然获得了商品,但如果没有获得承诺的服务或其他增值项目,那么在顾客心中,他们的购买行为并未完全结束。

这就产生了偏差。销售人员在一定程度上认为,顾客付钱后,销售行为就结束了。然而在顾客心中,拿走商品只是购买行为的开始,后续还涉及保修等售后服务。

自认为销售行为已经结束的销售人员在顾客那里消失得无影无踪，顾客也联系不上他们。这实际上是非常不明智的做法，在销售过程中，销售人员与顾客建立起了友好的互动关系，在一定程度上，顾客也是出于信任才作出购买决定的。而销售人员在产品售出后在售后服务上缺席，顾客联系不上他们，或者遭到敷衍。这意味着之前的友好仅是为了销售产品的需要，显然这对顾客是一种感情伤害。

事实上，售后服务不仅是销售产品的信息跟进与升级，还是销售人员后续销售的开始。服务做得好，能够为销售人员带来更多顾客，因为作出购买决定的顾客会将自己的购买体验和使用感受告诉朋友。

当销售人员为顾客真心诚意地提供超出期望值的售后服务时，第一，会满足顾客的消费欲望；第二，会激发顾客向亲友分享成功消费体验的欲望；第三，更会满足顾客渴望被尊重的心理。从这三个角度做好售后服务，是维护顾客关系、保证业绩的正确之道。

秦奋的工作是向街道办事处和物业公司推荐公司的网络服务，为公司业务扩大覆盖率。在这个过程中，秦奋经常接触的是一些根本不懂得网络服务的叔叔阿姨、大爷大妈，向他们销售是有一定难度的，但是秦奋干得很出色。

看下面一幕：

"您好，王阿姨，我来了！"秦奋一边推开街道办事处办公室的门一边打招呼。

"噢，就你自己啊，你们公司的服务人员呢？"王阿姨见秦奋一只手提着一个大铁箱子，另一个肩膀上扛着一大捆网线，忙迎上去问道。

"他们在呢，可我不放心，就过来看看，出什么问题了？"秦奋问道。

"办公室的电脑又上不去网了，也不知道怎么回事。"王阿姨说道。

"哦，没事，我检查一下，看看哪里出了问题。"秦奋一边说，一边检查，很快发现是连接路由器的网线不知什么原因被蹭掉了。

"是网线掉了，小问题，接上就好了。"秦奋麻利地接好了网线。网络恢复了正常。

"哎哟，原来是这样，早知道这么简单，就不让你来了。"王阿姨有些不好意思地说。

"没关系，我有空就过来了。"

"怎么，这还要去哪儿？"见秦奋要走，王阿姨问道。

"南边社区看看去，看那边的网络有没有问题。"

"哦，那你赶紧的。"王阿姨把秦奋送出门外，"你放心，我这边也给你瞅着呢，8号楼顶层几个住户一到大风天就上不了网，回头我给说道说道，也换成你家的。"

"那可谢谢您了。"

"没事，经常麻烦你，帮点儿小忙是应当的。"

"哪有啊，这是我应该做的，我做销售，做售后服务也是应该的。"

"道理我明白，但经常麻烦，我这也不好意思，这大热天的，来回拿这么重的东西,很辛苦啊!"

"呵,我没事,您要再有啥事尽管招呼我,我先走了。"

"好的,去吧,去吧。"王阿姨目送着秦奋走远了。

很快,秦奋所在公司的网络覆盖了周围的地区,成为这一区域覆盖率最高的网络服务公司。公司良好的售后服务得到了广大用户的认可和赞扬,其中推销人员秦奋的功劳最为突出,他以自身超强的服务意识帮助公司塑造了良好的形象。

从这个事例可以看出,售后服务对产品销售有巨大的促进作用,可以说意义重大。因此,仅将产品销售给顾客是不够的,而是要让顾客认可整个销售过程的服务,只有这样,顾客才愿意花时间和精力为商家做宣传。

事实证明,售后服务是商家产品营销极为重要的一部分。在产品同质化竞争日益激烈的今天,没有售后服务的企业会被顾客视为没有信用的企业,没有售后服务的商品是一种缺乏保障的商品,而不信守承诺提供售后服务的销售人员则是不可交往的人。

售后服务的目标是实现顾客满意度的最大化。顾客满意度高,就会体验到被尊重的感觉。当顾客感觉被尊重时,会把同样的尊重回馈给企业或销售人员,尊重销售人员的付出,并愿意为其产品和服务积极宣传,介绍新顾客或实现二次购买。可见,在一定程度上,真正的销售是从成交后的服务开始的,要善于通过售后服务把顾客争取过来。

满意度决定忠诚度

销售的目的是什么？也许大部分的销售人员会说，销售的目的是把产品卖出去，获得利益。事实上，销售的目的不只是将产品卖出去，更重要的是让消费者从购买行为中获得价值感，即消费者对自己购买的产品感到满意，感觉自己的购买抉择是明智之举。那么，这个一次性客户就很可能会变为回头客。但要使消费者满意可不是一件轻而易举的事，这需要掌握一定的方法和技巧。

那么，怎样做才能让消费者满意呢？

1. 不要给消费者过高的承诺

现代营销学之父菲利普·科特勒认为，消费者满意"是指一个人通过对一个产品的可感知效果与他的期望值相比较后，所形成的愉悦或失望的感觉状态"。也就是说，消费者满意是建立在期望值之上的，期望值的大小决定了满意度的高低，而且它们之间是呈反比例关系的，期望值越小则越容易满意。由此可知，降低期望值是提高满意度的一个重要途径，而降低消费者期望值的有效方法是不要给予消费者过高的承诺。

例如，如果你所在企业的售后部门能在接到通知之后 8 小时内提供售后维修服务，则可以对消费者承诺 12 小时之内到达；如果维修人员接到通知后能在 2 小时内赶到，则可以对消费者承诺 3 小时之内赶到。通过这种方式，消费者的期望稍低于你的服务水准，当你所提供的水准超越了他们的期望后，消费者往往会有一种满足感。

要给顾客一个可靠的承诺

2. 为消费者提供超值的服务

超值服务对消费者而言意味着商家让利，这可以提高消费者的满足感。许多商家的发展长盛不衰，很大程度上便得益于此。华为公司不仅是通信设备供应商，还是顾客在制定科技策略时的顾问。华为公司的科技人员要抽出一定的时间与顾客一同讨论未来的科技走向。这种讨论可以使顾客事先针对科技的变化而规划应变和适应措施，而不只是被动地接招。华为公司所提供的这种超值服务，会使公司与顾客的关系更加巩固，最终建立起稳固的信任、诚实及伙伴关系。

当然，提供超值服务并不是越多越好，因为当商家向消费者提供过多或过高的利益时，很容易让消费者下次的期望值建立在这次之上，那时商家的负担就加大。因此，超值服务的范围应限于那种对消费者来说是极为有用的或非常新鲜的，但对销售人员来说是"跳一跳，够得着"的服务。

3. 妥善及时地处理消费者的不满

有些销售人员不愿听消费者的抱怨，他们认为，只要消费者不抱怨，那么他们的产品和服务就是好的，其实这种想法是错误的。消费者不抱怨并不代表他们满意，因为有的消费者认为与其抱怨还不如离开，减少和你以及你所代表的商家打交道的次数。尤其是老顾客的抱怨，更要引起重视，因为一个老顾客的抱怨代表着另外没有向你抱怨的顾客的心声。提出抱怨的消费者，若所反映的问题得到圆满解决，其忠诚度会比从未抱怨的消费者更高。

江雪在一家服装专卖店的宣传册上看到一件非常漂亮的毛衣,她来到店里,却被告知正好卖完了。于是,她便预付了一定的定金,请销售人员帮忙订了一件。一周之后,江雪来取毛衣。当她拿起毛衣检查时,发现它实际上没有其他款式的质量好,做工有些粗糙,而且颜色没有图片上显示的鲜艳。

站在一旁的销售人员听到江雪的抱怨,微笑着说:"真是抱歉,不过我敢保证,这种款式的毛衣与其他款式的毛衣的质量绝对是相同的,而且它是刚出厂的货,我们还没有经过任何修剪,所以线头就多了一点儿。你要是不着急拿回去穿,我们把这些线头都剪去。颜色的差别多少会有一点儿,不过看起来还是很鲜艳的,和您的肤色配起来很好看。"

江雪听到销售人员真诚的解释,抱怨一下子就没有了,高高兴兴地付了款拿着毛衣回家了。后来,她成了这家店里的常客,还介绍了不少的朋友来光顾。

既然消费者有抱怨,那么他(她)的心里肯定会希望你能解决问题。因此,在应对消费者抱怨的过程中,销售人员最忌讳的就是回避和拖延解决问题。要敢于正视发生的问题,并以最快的速度进行有效解决,把消费者的事情当作自己的事情来做,站在他们的立场上来思考问题,并对他们的抱怨表示欢迎,而且对消费者表示抱歉……那么,就一定能够化干戈为玉帛,化抱怨为感谢,化怀疑为信赖。最重要的是,这个消费者可能将会成为你永远的顾客。

要想成为一个业绩卓著的销售人员,要有这样一种想法,就是不仅要和消费者做一次生意，而是要和他们做长久的生意。而要和消费者做长久的生意，就要想办法让他们满意；让他们满意，他们才能留下来继续支持你；有了老顾客的支持，才能轻松自如地取得非凡的销售业绩，成为一名销售高手。

免除顾客的一切后顾之忧

在销售过程中，很多销售人员经常会犯这样的毛病：销售前对顾客极为殷勤，但在对方决定购买后态度就变得冷淡，对顾客的承诺和服务也开始敷衍起来。正因如此，常有顾客在购买之际心生疑虑："你们能保证售后服务履行到位吗？"

面对这种情况，如果销售人员不积极主动地向顾客保证，消除顾客购买的后顾之忧，很可能会导致顾客临时变卦，取消购买行为，这样销售人员前期的工作就会白费。要知道，顾客得不到绝对的安全感，是不会购买的。

杨霞刚进入一家电器销售公司做销售员，就赶上公司在商场举办电器促销活动。由于宣传十分到位，现场气氛热烈，光临的顾客众多，销售人员都忙得不可开交，可杨霞忙了一上午还未开张。原因也很简单，无论她怎么介绍，顾客总是问几个简单的问题后就走开了。

下午，有一位顾客来到销售现场，问杨霞："我想买一个双开门大冰箱，可听说你们的售后服务好像跟不上，是这样吗？"

"不是的，您误会了……"杨霞急忙解释。

"误会？那你有什么保证吗？"顾客没有得到满意的答案，自然不肯罢休。

"这，有什么保证……"杨霞一时语塞，不知该如何回答。

顾客见杨霞的表现，疑心更重了，转身欲走。杨霞和顾客的对话被不远处的销售主管听到，见顾客要走，她急忙走过来解围："不好意思，她刚来不久，我来回答您的问题吧。"

销售主管针对这名顾客担心的售后问题作出了相应承诺，并拿出顾客意见反馈表，证明公司的售后是非常有保障的。最终，她当着顾客的面填写了保修单，顾客这才打消了心中的顾虑，痛快地购买了商品，满意地走了。

在销售过程中，很多顾客与案例中的顾客有着相同的顾虑，即担心产品的售后问题能否得到保障，甚至有些顾客将售后问题是否完善视为决定他们是否购买的决定性因素。因此，如果销售人员不能给顾客提供可靠的售后保障，他们很难放心购买。

如果能在与顾客的沟通中让顾客消费得放心、舒心，满足顾客心理安全的需求，那么顾客多半会选择与你合作。所以，当顾客想要购物却担心售后问题时，销售人员一定要向顾客展示全面的服务保障措施。可通过以下三种方式来实现：

（1）以专业素质征服顾客

一般来说，若顾客对产品本身比较满意，只是担忧售后问题，就会从专业的角度询问销售人员。对产品的售后保障问题的熟知程度是销售人员专业知识的一部分。如果销售人员不专业，给出的解答不能让顾客满意，顾客自然会心存戒备。所以，销售人员若想从心理上赢得顾客的认同,就要加强专业知识学习,在顾客面前表现得专业化。

此外,销售人员还要树立良好的外在形象,让顾客从内到外都觉得你是专业的销售服务人员。在很大程度上,顾客对销售人员的认可基本上等同于对产品的认可,所以自然也会相信你对产品售后问题的回答。

(2)告诉顾客产品的正确用法

有时候,顾客在使用产品的过程中出现问题,原因并非产品本身,而是使用方法不当,从而造成顾客对产品的误解。如果在顾客购买产品前,销售人员就能告知顾客产品正确的使用方法及注意事项,那么顾客就会觉得你是个负责任的销售人员,能感受到你在真心实意地为他们着想,进而对你的负责和善意给予回报,合作也就顺理成章了。

让顾客成为产品使用专家

（3）为顾客提供具有实际意义的承诺

可从两个方面为顾客提供具有实际意义的承诺：一方面是质量承诺；另一方面是服务承诺。

质量承诺主要是对产品因质量产生问题的保修承诺。比如，可以告诉顾客："我公司对所经营销售的电器产品10年内实行免费维修、更换服务；10年后实行有偿维修、更换，价格按当时市场价格计。"

服务承诺是公司售后服务设备以及技术人才的实力保证。比如，可以告诉顾客："我公司拥有一批专业的电气工程技术人员和完善的电器检测设备。设有专门的技术部门指导电器的安装，还拥有一支经过严格训练的安装队伍，为用户提供一流的安装服务并实行售后跟踪服务，让您放心购买和使用。"

总之，在销售过程中，销售人员一定要及时消除顾客对产品或者服务的后顾之忧，让顾客放心购物，这样才能促进销售业绩的持续提升。

建立回访机制,不定时回访

在销售行业中,回访,是指公司售后服务人员向本公司的顾客询问有关本公司产品使用及服务的一些情况,以便更好地为顾客提供服务,进一步提升公司形象。

事实证明,回访能够了解和解决许多问题。例如,可以了解产品的使用情况,了解顾客对产品的意见和建议,继续合作的可能性大小,顾客的想法、最需要的东西以及需要商家如何配合等。如果能掌握这些信息,对商家的生产和销售都极为有利。同时,能及时发现需要帮助的顾客,并提供相应的支持,这必将大大提升顾客的满意度,对后续销售具有重大意义。

实践证明,通过回访密切与顾客的关系并提升新的销售增长点,是顾客关系管理中成本最低且最有效的方式之一。

随着社会经济的发展,商家竞争日益激烈,很多商家认识到了售后服务的重要性,因此建立了回访机制,希望能更好地为顾客服务,借此牢牢留住顾客。

虽然回访通常由商家组建专门的客服部门负责,但销售人员也应参与进来,无论是已完成交易的顾客还是未交易的顾客,都需要进行回访。对于销售人员来说，努力与顾客保持长期良好的关系，为自己搭建更广泛的人脉，是提高自己业绩的捷径，能让自己的销售生涯更长久、更顺畅。

在回访之前，需对顾客进行细分。细分的方法众多，销售人员可根据具体情况进行划分。可以按照顾客的来源划分，如分为自主开发、广告宣传、老顾客推荐等；也可将顾客按其属性划分，如分为合作伙伴、供应商、直接顾客等；还可以按顾客的地域进行分类，如分为华北地区客户、华南地区客户、东北地区客户等，再往下可按地区或者城市细分。

顾客细分完成后，应针对不同类别的顾客设计不同的顾客回访计划，以提高服务顾客的效率和效果。明确顾客的需求才能更好地满足顾客，因此要站在顾客的角度，思考顾客可能会有哪些需求。这样带着问题去回访顾客、服务顾客，必然会产生良好的效果。

在回访时间方面，最好在顾客有问题找你之前进行回访，这样更能体现商家对顾客的关怀之情，从而更能打动顾客。

回访可以密切和顾客的关系

> 您好,康总,NG监控设备用得怎么样,使用过程中出现问题了吗?

也可以根据销售周期定期进行回访,如此可让顾客感受到商家的诚信与责任。定期回访的时间应具有合理性,如以商品售出1周、1个月、3个月、6个月……为时间段进行回访。若在回访中发现问题,务必及时提供解决方案,最好在当天或次日到现场处理问题,将用户的抱怨控制在最小范围。

在节日回访顾客时,可以送上祝福话语,这不仅能起到拉近关系的作用,还能让顾客产生优越感。

如果能够提供超出顾客期望的服务,往往会提高顾客对商家或商品的美誉度和忠诚度,进而创造新的销售机会。正所谓关怀顾客要持之以恒,销售亦如此。

建立顾客回访制度,一个重要方法是建立并运用数据库系统。要不断更新数据库,详细记录回访内容,如此循环可使顾客回访制度化。

在顾客回访过程中遇到顾客抱怨是正常现象，要正确对待顾客抱怨，不仅要平息抱怨，还要了解其原因，努力将被动转化为主动。服务部门可设立意见收集中心，广泛收集顾客抱怨，并对抱怨进行分类，如抱怨是源于对商品质量不满意（功能欠缺、功能过于复杂、包装不美观、使用不方便等），还是对售后服务人员不满意（不守时、服务态度差、服务能力不足等）等。

通过解决顾客抱怨，不仅可以总结服务过程、提高服务能力，还能了解并解决与商品相关的问题，提高商品质量，扩大商品使用范围，更好地满足顾客需求。

为更好地服务顾客、做好顾客回访工作，商家最好要求顾客填写调查表格。为提高顾客参与度，可以向顾客承诺，如实填写调查表可参加抽奖或获得购物优惠。

同时，为使顾客回访更有成效，可以建立顾客满意度调查数据库。通常，顾客满意度调查并非一次性完成，而是分阶段循环进行。可能每隔几个月进行一次，每次调查数据的统计结果可能各不相同。因此，需要建立一个顾客满意度调查数据库，并定期进行分析，以便更好地了解顾客各类信息，最终实现更好地服务顾客的目的。

总之，顾客回访是售后服务的重要内容，是提升顾客满意度的重要手段。对于商家和销售人员而言，通过顾客回访不仅可以获得顾客认同，还能创造更多价值。因此，一定要给予足够重视，并妥善处理、充分利用。

妥善及时处理消费者的不满

遭遇消费者投诉是难以避免的事,即使是最优秀的销售人员都避免不了,因为世界上没有完美的产品,也没有百分之百完美的服务,只有日益理性且挑剔的消费者。

很多销售人员视消费者投诉为洪水猛兽,认为它必定会为自己和公司带来负面影响。当然,遭遇投诉不是一件愉快的事情。然而,营销学有句名言:"投诉的消费者才是忠实消费者。"因为顾客不抱怨并不等于满意,他们可能选择默默离开;而愿意提出抱怨的顾客,尤其是老顾客,往往代表着更多未发声者的心声。妥善解决他们的抱怨,不仅能挽回信任,还能将不满转化为更高的忠诚度,为企业创造更大的长期价值。

有效化解消费者投诉,要求销售人员掌握以下技巧:

1. 做一个倾听者

当消费者气急败坏地带着问题前来投诉时,最重要的是先让消费者平息怒气。许多销售人员不等消费者说完,就匆忙将其打断,迫不及待地进行解释。这是极其错误的行为,因为这反而会激怒消费者。要知道,消费者向商家投诉,主要目的是向商家倾诉他们内心的种种不满和意见，希望商家能帮助他们解决问题，而不是来听售后人员解释、说明或辩解的。

让消费者倾诉，能在很大程度上消除其愤怒，使其情绪放松，就像给充满气的气球放气一样。在消费者发泄情绪时，销售人员或售后服务人员可通过点头、微笑或适当皱眉，表示一直在倾听，并认真记录对方投诉的要点。

其间，销售人员或售后服务人员可以提一些开放性的问题，让消费者多说话，如"怎样……""何时……""谁……""为什么……"等。每当有需要时应立即澄清疑点，但不要提带有判断性的问题，并且避免用不信任的语气质问投诉的客户，如"你肯定事情确实是这样吗？""……恐怕不是你投诉的根本原因吧？"等。

此外，还有必要在消费者倾诉时，表现出作为销售方的同情和理解。其中一个可取的技巧是，赞同投诉者一些没有谴责成分或不违反商家方针和目标的说法。可以使用以下短语表示对客户的同情和理解："真是让人不开心，很遗憾发生这种事情。""你说得对，谁都不愿遇到这样的事情""我知道您为什么这么生气了""我能想象你当时是多么不愉快""我非常理解你现在的感受"等。

这样一来，前来投诉的消费者脾气一定会越来越小。只有消费者恢复理智，才能正确地着手处理面前的问题。而且因情绪激动而失礼的消费者冷静下来以后，多半会有些后悔自己的冲动，情绪也会变得平和，这远比销售方与之辩论谁是谁非要有效得多。

2. 做一个道歉者

化解消费者投诉时,一个重要的原则就是:"态度第一,技巧第二"。如果不能做到给人诚恳真挚的感受,那么即使眼前的问题解决了,日后双方仍无法建立融洽的关系。

因此,面对前来投诉的消费者,不管是不是自己的原因,都要向投诉者真诚地表示歉意。即使投诉者是错的,但致歉总是对的,这是为消费者情绪上所受的伤害表示的歉意。

真诚道歉会有效平息顾客的情绪

> 很抱歉,没想到会发生这样的事,您坐下慢慢说……

在道歉时,也有技巧需要掌握。

一是要发自内心地向投诉者表示歉意,不能口是心非、皮笑肉不笑,否则会让消费者觉得是心不在焉的敷衍,进而更加不满。

二是不要推卸责任。在道歉时，最惯常的说法是"很抱歉，但是……"，这个"但是"否定了前面的话，使道歉的效果大打折扣。最常见的例子是，当一家餐厅员工说："很抱歉，但是我们太忙了！"消费者不会在乎你"太忙"，反而认为这是在推卸责任。

三是为情况道歉，而不是去责备谁。即使在问题的对错还不是很明确，需要进一步认定责任承担者时，也要首先向消费者表示歉意，但要注意，不要让对方误以为公司已承认是自己的错误，我们只是为当前的情况致歉。例如，可以用这样的话术："让您感到不方便，不好意思""给您添了麻烦，非常抱歉"。

总之，销售人员或者售后服务人员要记住，不管谁对谁错，都必须保证当消费者因不满而找上门时，在态度上要让对方百分之百满意。

3. 做一个问题解决者

有时，仅通过倾听、同情和真诚道歉等就能平息消费者的情绪，但更多时候会涉及更换产品、返工或者退款等现实问题。这时就需要你做一个问题解决者，当你能够把问题解决的时候，投诉自然也就化解了。

在处理投诉问题时，一个重要原则就是要迅速及时。如果能当场解决问题，绝不要拖延到明天。如果不能当场解决，也要采用合理的方式答复消费者。具体来说，对于那些信息充分、可以确定无疑地作出判断，并且有足够权限采取行动措施的投诉，处理者应立即答复消费者，越快越好；对于那些投诉的信息还需要进一步调查或验证才能作出判断，或者没有足够权限采取行动的投诉，处理者应告知消费者延期答复的时限，并说明通过何种方式及时通知他们进展情况；对于不在职权范围内处理的投诉，需要转交给规定的专业人员或机构进行答复。

当转交投诉时，一定要确保将投诉转交给适当的人员或机构处理，并向这些人员或机构简要说明全部有关情况，并转交相关材料，然后让投诉消费者与这些人联系。总之，一定要力争在最短的时间内卓有成效地解决问题。而且要征求消费者的意见，这样做既可以让对方感到被尊重和重视，也有利于问题的解决。

总而言之，没有人可以做到十全十美，因此，也不可能保证销售人员永远不发生失误或不引发消费者投诉。关键是如何对待投诉。

假如我们能够以合理的方式去对待，并在处理过程中展现出真诚热情的服务态度，消费者的情绪就会得到缓解，投诉的问题也会大事化小、小事化了，最终获得圆满解决。此时，这个消费者不再是投诉者，而转变为销售人员和商家的忠实消费者，甚至成为朋友。